CB082525

CÍRCULO *Luna Parque*
DE POEMAS *Fósforo*

O fato e a coisa

Torquato Neto

1ª reimpressão

9 NOTA À EDIÇÃO

O FATO E A COISA

13 Explicação do fato
18 Canto fúnebre à etapa primeira
20 Os mortos
21 O fato
23 Apresentação da coisa
25 Elegia à coisa alucinante
28 Panorama visto da ponte
29 Posição de ficar
31 Um cidadão comum
32 Poema estático para...
33 Bilhetinho sem maiores consequências
35 Momento
36 Insônia
37 A chave do cofre
38 Poema
40 Conto negro para ser esquecido
41 O velho
43 Poema desesperado
44 Poema da Quarta-Feira de Cinzas
49 Poema conformista
51 A crise
53 Poema silencioso dentro da noite
56 A mão e a luva
58 Poema essencialmente noturno
59 Exodus
61 Poema do aviso final

OUTROS POEMAS

- 65 Motivo
- 70 Poema da repentina saudade
- 72 Desejo
- 73 Soneto da contradição enorme
- 74 Nostalgia
- 75 [*Ele não passa de nada; um imenso nada*]
- 76 Via-crúcis
- 77 Stop;
- 78 Memória
- 80 A mesa
- 81 Ode
- 84 Patriotismo
- 86 Hai-kaisinho
- 87 À parte
- 88 Definição
- 89 Tema
- 91 Poema de Natal
- 101 Poeminha só de brincadeira
- 103 Estória
- 105 Sábado qualquer
- 107 Fixação do momento
- 108 Balada para acordar Rosinha
- 110 O momento na calçada
- 111 Dia
- 112 [*Brasil*]
- 113 A gênese telúrica
- 119 Elogio ao homem essencial
- 122 Lembrança do tempo que não houve
- 124 Improviso de querer bem

127 ICONOGRAFIA

135 PEQUENO ADENDO SOBRE A FIXAÇÃO DO TEXTO

137 POSFÁCIO
O que me move é minha fome
Thiago E

Nota à edição

Fabrício Corsaletti

Este *O fato e a coisa* é o livro de um Torquato Neto ainda adolescente, escrito na idade de Rimbaud, isto é, dos dezesseis aos dezenove anos. Como *Os últimos dias de Paupéria*, de 1973, e outras coletâneas de textos do autor, foi publicado postumamente. Sua primeira edição saiu em Teresina, em 2012, pela UPJ Produções, formando dupla com um voluminho intitulado *Juvenílias*, que reunia poemas avulsos de Torquato. Esta nova edição traz todos os poemas de *O fato e a coisa* e uma seleção de *Juvenílias*, aqui batizada de *Outros poemas*.

Embora seja o único livro que Torquato Neto organizou por conta própria, ou pelo menos o único encontrado entre os seus papéis (todos os outros são o resultado da dedicação apaixonada de familiares, amigos e editores), não se sabe até que ponto o poeta o revisou, se dava o trabalho por encerrado. O fato (a coisa!) é que não chegou a publicá-lo. A tarefa que agora nos cabe, de cuidar e soltar mais uma vez no mundo o primogênito desse tropicalista genial, nos faz tremer de responsabilidade e alegria.

A ideia é não chatear seu fantasma imenso.

Assim, optamos por intervir o mínimo possível e fixar o texto com mão leve, levíssima, sem submeter sua poesia a convenções estranhas a ela. Não padronizamos os poemas. O uso muito livre que Torquato fazia, por exemplo, das vírgulas ou das caixas altas e baixas foi preservado em quase cem por cento dos casos. Nenhuma palavra foi suprimida ou trocada, nenhuma expressão foi "melhorada" — as estranhezas abundam e deslumbram. Apenas, aqui e ali, alteramos o que nos pareceu cochilo de digitação ou de adolescência. (Ver "Pequeno adendo sobre a fixação do texto" no final deste volume.)

"Tenho rins e eles me dizem que estou vivo", diz o poeta imberbe. E ele tem razão. Torquato vive. Viva Torquato!

O fato e a coisa

Explicação do fato

I

Impossível envergonhar-me de ser homem.
Tenho rins e eles me dizem que estou vivo.
Obedeço a meus pés
e a ordem é seguir e não olhar à frente.
Minúsculo vivente entre rinocerontes
me reconheço falho
e insisto.

E insisto porque insistir é minha insígnia.
O meu brasão mostra dois pés escalavrados
e sobram-me algumas forças: sei-me fraco
e choro. E choro
e nem assim me excedo na postura humana: sofro
o corpo inteiro, pendo e não procuro a arma minhas
mãos.
Sei que caminho. É só.
Joelhos curvam-se à ordem da avenida
pés — como esponjas — se amasiam ao chão que queima
e me penetra
e eu decido que não posso envergonhar-me de ser homem
a criança antiga é dique barrando o meu escoo
e diz que não, não me envergonhe.

Não me envergonho.
Tenho rins mãos boca órgão genital e glândulas de
[secreção interna:
impossível.

No entanto sinto medo
e este é o meu pavor.
Por isso a minha vida, como o meu poema, não é canto,
[é pranto
e sobre ela me debruço
observando a corcunda precoce
e os olhos banzos.

II

Também
tenho uma noite em mim e tão escura
que nela me confundo e paro
e em adágio cantabile pronuncio
as palavras da nênia ao meu defunto,
perdido nele, o ar sombrio.
(Me reconheço nele e me apavoro.)
Me reconheço nele não os olhos
cerrados a boca falando cheia as mãos cruzadas
em definitivo estado se enxergando,
mas um calor de cegueira que se exala dele
e pronto, ele sou eu,
peixe-boi devolvido à praia, morto,
exposto à vigilância dos passantes.
Ali me enxergo, imobilidade à força no caixão do mundo
sem arabescos e sem flores.
Tenho muito medo.

Mas acordo e a máquina me engole.
E sou apenas um homem caminhando
e não encontro em minha vestimenta
bolsos para esconder as mãos que, armas, mesmo frágeis
me ameaçam.

Como não ter medo?
Uma noite escura sai de mim e vem descer aqui
sobre esta noite maior e sem fantasmas.
Como não morrer de medo se esta noite é fera
e dentro dela eu também sou fera
e me confundo nela
e ainda insisto?
Não é viável.
Nem eu mesmo sou viável, e como não? Não sou.
O que é viável não existe, passou há muito tempo
e eram manhãs e tardes e manhãs com sol e chuva e eu
                                                [menino.
Eram manhãs e tardes e manhãs sem pernas
que escorriam em tardes e manhãs sem pernas
e eu
sentado num tanque absurdamente posto no meio da rua,
menino sentado sem a preocupação da ida.
E era tudo dia.

Havia sol
e eu o sabia
sol: era de dia.

Havia uma alegria
do tamanho do mundo
e era dia no mundo.

Havia uma rua
(debaixo dum dia)
e um tanque:

Mas agora é noite até no sol.

III

Vou à parede e examino o retrato, irresponsável-
           [-amarelo-acinzentado-testemunha.
Meus olhos não se abrem
e mesmo assim o vejo.
E mesmo assim te vejo, ó menino, encostado à palmeira
           [de tua praça
e sem querer sair.
E mesmo assim te penso dique desolação de seca na
   [caatinga noite de insônia canção antiga ao pé do berço
      [prata fósforo queimado poço interminável, seco.
Ouço o teu sorriso e te obedeço.
Eu que desaprendi a preparação do sorriso
e não o consigo mais.
Estou preso a ti, ainda agora,
apesar do cabelo escurecido
as mãos maiores e mais magras
e um súbito medo de morrer, amor à vida, tolo.
Tenho presa a ti a palavra primeira
e o primeiro gesto de enxergar o espelho:
ouço-te, sou mais desgosto em mim, incompreensível.
À tua ordem decido não envergonhar-me de existir
nesta forma disforme de ossos
carne algumas coisas químicas
e uma vontade de estar sempre longe,
visitando países absurdos.

Não posso envergonhar-me de ser homem.
Tenho um menino em mim que me observa
e ele tem nos olhos
(qual a cor?)

todas as manhãs e tardes e manhãs com sol e chuva a eu
[menino que me alumiavam.

Tenho um menino em mim e ele é que me tem:
por isso a corcunda precoce
e os olhos banzos: tenho o corpo voltado em sua procura
e meu olhar apenas toca, e leve,
o exato matiz da calça
molhada em festa vespertina da bexiga.

Canto fúnebre à etapa primeira

I

Na rosa murcha que pende deste vaso
alevantado entre o ser e o desistir
a minha vida se desalicerça do passado, do futuro,
procura aniquilar a esperança presente ainda num
                                      [condicional
bisonho e transparente
e se descobre seca e nua de frente ao paredão.
Jogada neste espaço de planos sinuosos
e de linhas obrigatoriamente oblíquas
a minha vida se perde diletante e ausente
no labirinto dos dias mal vividos e agora irrecuperáveis.
Entraria em campo como fosse o tempo,
lutaria à morte
e transporia a muralha.
Mas a minha vida enojou-se das batalhas
fez voto de obediência e calou-se à própria sina.

II

A rosa murcha pende deste vaso
e se derrama intacta nas mãos que a receberam
e que não sabem mais como acordá-la.
E eu percebo que a minha vida nada vale
sem a ilusão da rosa que murchou e pendeu
para se misturar ao espírito da terra que recebe os restos
                [das coisas sem ataúdes ou prantos
e os transforma em leves resquícios de saudade.
Junto aos meus pés restou a minha vida.

E no meu campo caíram todas as árvores
desfizeram-se todas as raízes
e poluíram-se as águas.
Todo o meu ser chorou angustiado ante a verdade morta
e o abandono da rosa a caminho do meu cemitério. E na
                                                      [volta,
figura e filme
máquina e lente,
a minha vida amasiou-se ao tempo, dilacerou a carne
e pôs-se firme e reta numa caixa inviolável,
selada e remetida por si mesma aos confins do plano
                                                      [esburacado
onde apodrece a rosa.

Rio, janeiro de 1963

Os mortos

Sob o pó, cemitério.
E, enterrados, os mortos reparam.

As flores — não o sentem
se postas na laje
(geralmente branca)
da fôrma. Reparam o silêncio
e dançam sua estranha música
de mãos dadas.

Cantam em coro canções do outro tempo
e atravessam o muro
e riem do padeiro e sua cesta vazia
do pacato de bolso vazio
da tremenda que passa (vazia?)
na praça — vazia dos mortos.

(Durante o sol,
recolhem-se e comem terra.)

O fato

Na água em que me lavo,
o teu escarro. No prato em que almoço,
a tua moléstia.
Nas coisas que eu me afirmo,
a tua ideia. Na minha voz
que fala e chora e cala,
a tua mentira.
Atrás de mim passeias livremente
e não te barro
não me volto e não te enxergo.
Te sinto apenas a repetição de minha angústia
vezes dois
e te imagino torto
e te sei um fato ereto em minhas costas,
caminhando.

Assustam-me os meus dedos: são os teus,
magros, inúteis.
Reparo à toa num espelho: a minha face
não é mais a minha, mas a tua
e teu desdém.
Na rua, amigos me perguntam como vou.
Digo: vai mal, vai mal...
e deixo que teus passos me insinuem na ida
e me obstruam a vinda.
Sempre estou lá. Não saio
do arcabouço do meu corpo.
Calabouço?

Digo: balanço — mas por detrás sussurras:
masmorra indissolúvel na qual te encontras.
E eu fico.

Apresentação da coisa

I

Estão guardados em mim o olhar
e o falar. Mas não saem.
Trancados em sete portas
e não saem, não têm as chaves necessárias
ou a equivalente ousadia.

Submeto-me às restrições dessas certezas
e pronto: eu, como não o desejaria nunca a minha mãe.
Mas eu, como o quero e sou
por isso o eu diferente e inaceitável
escondido nas entranhas de mim mesmo
acorrentado a este meu vazio
e sem poder sair.
Assim me entendo e aceito e quero.
Fosse dado a cavernosas reflexões
em torno de cavernosíssimos problemas insolúveis
e seria assim. Fosse o tal que nunca leu sequer Gibi
mas cita Sócrates e Dante
e seria assim, sem mais nem menos.
Ora! isto sou eu com a soma de meus complexos e
                                                                              [aflições;
um eu que não sei onde acaba
onde começa — mas que existe vertical pelas calçadas
e horizontal na cama. Eu, retorcido ou não,
sei lá! eu.

II

O pensar
este é o que aparece em mim
e não some. Tenho cócegas na língua
e coço o pé. (Afinal, isto sou eu,
cheio de contrastes, assim mesmo.)
O pensar em mim depende do assunto
e se não há assuntos
os fabrico,
quebrando copos
ou cuspindo na indumentária do garçom.
E ai.
O importante é o funcionamento da máquina pensante.
Essas questões de adultérios homicídios lenocínio
homossexualismo, seja o que for,
me comovem à falta de outro assunto. Tenho que pensar
tenho que continuar pensando
e ir guardando tudo,
para esconder em mim o falar e o olhar
e mais: a morte, que é o que bate.

Elegia à coisa alucinante

1

Eu amo tanto a coisa que me esmaga
e me corrói, deixando apodrecida a minha alma que não
[existe.
Eu amo tanto a coisa alucinante
fada de sonhos
horror do dia
que me reduz a ser ambíguo e podre. Eu amo tanto
a coisa, alucinante coisa,
inexcedível coisa que me corrompe a mente
que me transporta ao caos
e estatelado
termina sempre por jogar-me de encontro ao fato,
único fato que me priva a fuga.
Meu Deus, eu quero tanto a coisa.
Mas não, não deixarei passar em branco a noite de pedra
[e fogo
de azul e rosa, noite de angústia,
última fonte de que extraio a vida. Não deixarei
passar dentro da noite a coisa ardente que me leva erguido
[e vertical.

Lutar demais não posso.
Tão longa a noite...
Tão firme a coisa...
Mas por tudo — de mim não escapará esta ferida braba
[que me come os dedos

e me desperta e me devolve o sentimento da coisa
única coisa que é meu impulso a transportar-me ao tempo
[do sem fim.

2

O fato amargurado que nasceu de mim
                    de ti
                        de tudo — afunda em preto
                            [a dor que já não sinto.
A noite que açambarca inteiro o mundo triste
                        de copos quebrados
                        luares de neon
                        estrelas de alumínio
                        boêmios fabricados pra turistas
                        becos escuros
                        tarados soltos
                        chopes
                        frutos
                        ovos
                        rosas
— é tudo inconsequente e frio na fórmula pensada de uma
                                [vida
que tateia às cegas nas paredes do mundo.
Chovem as angústias
alagam-se estas vidas
            eu você
            você e eu
o fato consumado e amargo que ilumina a noite.
Através das frestas das janelas, transpondo as barras dos
                        [gradis.
Não os vejo. Pois que atolei completas neste esgoto

as minhas mãos tornadas cicatrizes. Feridas que já foram
e agora arrasam o resto que ainda somos.
Eu e você. Nós dois na noite.
E aquela lua azul-vermelha de neon
a esbranquiçar o todo que já somos, deixando os pares
                                          [loucos, transviados
perdidos no vai-vem alucinante
do compasso tresloucado deste mambo.

Rio, janeiro de 1963

Panorama visto da ponte

Azulejos retorcidos pelo tempo
Fazem paisagem agora no abandono
A que eu mesmo releguei um mal distante.

Faz muito tempo e a paisagem é a mesma
Não muda nunca — sempre indiferente
A céus que rolem ou infernos que se ergam.

Alguns vitrais. E em cinerama elástico
O mesmo campo, o mesmo amontoado
Das lembranças que não querem virar cinzas.

Três lampiões. As cores verde e rosa
A brisa dos amores esquecidos
E a pantera, muito negra, das paixões.

Não passa um rio enlameado e doce
Nem relva fresca encobre a terra dura.
É só calor e ferro e fogo e brasa

Que insistem como cobras enroladas
Nos grossos troncos, medievais, das árvores.
Uma eterna camada de silêncio

E o sol cuspindo chumbo derretido.
O céu é azul — e como não seria?
Mas tão distante, tão longínquo e azul...

Rio, 13 de dezembro de 1962

Posição de ficar

No princípio era o verbo amar.
Mas os sentimentos extinguiram-se
e retesaram-se os membros: não houve amor
desde então.
Agora, sabemos inútil procurar nos livros a fórmula
                             [derradeira deste verbo.
As coisas fizeram-se lúcidas
notou-se o fato
e sentiu-se medo.

Deixaríamos o corpo livre se pudéssemos,
mas o corpo está preso a tantos acontecimentos abstratos.
Choraríamos se nos fosse possível,
mas não há mais lágrimas
e o rosto retesado pelo medo
é pulsação imaginada e só imaginada, insensível a
                             [quaisquer prantos.
Por isso não temos esperança e procuramos as torres.

Desaprendemos o falar, esquecemos o derradeiro gesto
                             [de sentir.
Em nossas cápsulas de carne estamos líquido sentimento
                             [de procura
e no entanto nada procuramos.
Temos as mãos fechadas, não as forcem.
Nossas celas as sabemos impenetráveis, não forcem.
Temos tanto sono, mas o venceremos,
não nos forcem.

Conjugaremos o irrepreensível verbo esquecer, não
                                      [perdoar.
Não perdoamos.
Em toda esta fraqueza nos sentimos fortes como os
                                      [primeiros mártires,
estamos na arena,
sentimos medo e deixaremos nossos restos ao vosso
                                        [escárnio.
Desaprendemos tudo.
Ambíguos em nós mesmos, amamos agora o silêncio das
                                            [covas
e as esperamos: este o nosso fim.

Um cidadão comum

Sempre subindo a ladeira do nada,
Topar em pedras que nada revelam.
Levar às costas o fardo do ser
E ter certeza que não vai ser pago.

Sentir prazeres, dores, sentir medo,
Nada entender, querer saber de tudo.
Cantar com voz bonita pra cachorro,
Não ver "PERIGO" e afundar no caos.

Fumar, beber, amar, dormir sem sono,
Observar as horas impiedosas
Que passam carregando um bom pedaço
Da vida, sem dar satisfações.

Amar o amargo e sonhar com doçuras
Saber que retornar não é possível
Sentir que um dia vai sentir saudades
Da ladeira, do fardo, das pedradas.

Por fim, de um só salto,
Transpor de vez o paredão.

Rio, 9 de agosto de 1962

Poema estático para...

Trouxe nas mãos um ramo
e é teu.

Onde a tentativa de ternura
e a esperança de reintegração no fato primeiro,
te senti a ponte e a margem oposta.
Aos poucos concebi o fato da distância
e não derreei de mim
e te pensei presença.
Agora, eu não te chamaria amiga, mas calor.
Não poderia nunca dizer-te amores (que não sinto)
mas deixaria contigo a incerteza tremenda que guardo
                              [sobre mim e meus passos.
Não quereria fazer-te nenhum bem
mas te concederia a marca do meu eu
e não te faria nenhum mal.
Nada disso, no entanto, é irrepreensível como sentimento
             [reto de criaturas conspícuas e retíssimas em
             [bojos padronizados de angústias reprimidas.
E daí, tudo o que sobra é o ramo, sujo e podre
de carne e flores em putrefação que eu trago,
sem que possa sentir-lhe o cheiro
ou mesmo guardá-lo comigo,
pois é teu.

Bilhetinho sem maiores consequências

Uma retificação, meu bom Vinicius:
Você falou em "bares repletos de homens vazios"
e no entanto se esqueceu
de que há bares
lares
teatros, oficinas
aviões, chiqueiros
e sentinas,
cheinhos (ao contrário)
de homens cheios.
Homens cheios
(e você bem sabe)
entulhados da primeira à última geração
da imoralidade desta vida
das cotidianas encruzilhadas e decepções
da patente inconsequência disso tudo.
Você se esqueceu
Vinicius, meu bom,
dos bares que estão repletos de homens cheios
da maldade das coisas e dos fatos,
dos bares que estão cheios de homens cheios
da maldade insaciável
dos que fazem as coisas
e organizam os fatos.
E você
que os conhece tão de perto
Vinicius "Felicidade" de Moraes
não tinha o direito de esquecer
essa parcela imensa de homens tristes,

condenados candidatos naturais
a títulos de tão alta racionalidade
a deboches de tão falsa humanidade.

Com uma admiração "deste tamanho".

Rio, 7 de julho de 1962

Momento

Sentados esperamos que algo passe.
Talvez senhoras grávidas crianças em brinquedos
cavalheiros circunspectos e azuis dentro dos ternos e dos
                                                     [passos
e das coisas todas próprias e intocáveis, nos seus bolsos.
Talvez ainda uma lembrança antiga.
Uma qualquer saudade.
Uma tristeza. Sentados esperamos
e passivos nada mais fazemos: esperamos.

Um menino ri um camelô espia
um pensamento range em cada um de nós e nos sacode.
Permanecemos sentados, não ouvimos.
Olhos atentos esperamos — isto basta.

Entre nós uma profunda indiferença.
Ao nosso meio, a indignação, o silêncio de cada um
e o muro.
Tarde e esperamos.
Os que se arriscam pensam e mais duvidam.
Agora não importa tarde ou cedo.
Importa a espera e o banco em que nos assentamos.
(Não vimos outro.)

Mas esperamos sentados que algo passe.
Nosso cansaço?
A inconsequência que nos move (ou nos imobiliza?) nesta
                                                     [espera
ou simplesmente o sol o céu o mar o mundo?

Insônia

Os pés gelados de frio
escuto a chuva caindo
o ronco do meu amigo
a conversa lá de cima.

Hoje tem festa por lá...

Em cama alheia me estendo
a cabeça tão distante
pensando em certas tolices
que era melhor não pensar.

Hoje tem festa por lá?

Sinto uma coisa esquisita
passando na minha espinha
(Não sei se a volta inda custa
nem mesmo se vou voltar)

Hoje tem festa por lá!

Menino veste o teu terno
e vamos logo saindo
que o tempo não espera não
nem adianta esperar:

Hoje tem festa por lá.

Rio, 8 de julho de 1962

A chave do cofre

Ser andorinha
chacal
jiboia

Crescer com ares
águas
terreno

Ver alvoradas
lutos
desastres

Trancar-se em livros
jornais
papéis

Nunca pensar
parar
ou sorrir

Jamais ficar
abrir
nem ser lido.

Rio, 8 de agosto de 1962

Poema

"O sinal fechado, atravesse"
dizia, sentado, Homero Mesiara.
Manon sorria.
Ah! precisavas conhecer que sol danado alumiava
as noites de lá.
Umas quatro cinco putas caminhando sob o céu, sobre o
                                                           [chão,
dentro dos muros esverdeados dos conventos
                                    (ou de fora?)
precisavas ver, ah! sim, que precisavas.
"O sinal fechado, atravesse"
Pois ficávamos.
Entre o bonde e o desespero, ninguém preferiu o suicídio,
e eu também fiquei.
Nunca fumei charutos, pode crer
mas assisti às procissões de corpus christi de joelhos
e era como se bebesse enorme dose de uísque escocês
made in são paulo, brasil.
e não me embriagava.
(Aliás, já vociferava Irmão Tomás: "Crianças, tenhamos fé,
                                    [tenhamos fé, tenhamos fé".)

Judith segurava a faca ensanguentada
e suspendia ao povo a cabeça de Holofernes,
completamente imundo e infeliz em sua paixão.
Para a turba, Judith!
Para a turba, Judith!
Para a turba!
Esta faca ou esta espada é minha.

Ninguém acreditava,
as crianças simplesmente não tinham fé
e abriu-se o sinal: nos levantamos todos e saímos.
(Inclusive Homero Mesiara.)

Conto negro para ser esquecido

Era um homem que possuía um molho de chaves.
Chaves do escritório, da mesa
Da portaria
Chave do apartamento
Chave do outro apartamento
Chave daquela casa...
— E por isso, sentia-se a criatura mais importante do
                                                        [mundo.
Um dia
Enquanto esperava numa fila de lotação
Veio um punguista e carregou-as todas.
O homem começou então a definhar a tristeza,
Criou complexos
Até que num domingo
Suicidou-se num bar perto da praia
Bebendo uma dose de uísque ordinário
Com três pitadinhas de veneno mata-ratos.

Rio, março de 1963

O velho

I

De tudo — o que sobra.
E é pouco.
O que sobra é o fato.
E o fato é oco
frio.

II

Nestes dias de guerra cerrada,
prosseguir é o de menos, o nada.
E o voltar é, em si, tão obtuso
que o parar é, por si, um consolo.
E não consola.

Hemos tido por certo o errado
(já que o errado é a pausa, a metade
— sem tropeço — do que há de ser feito),
e o silêncio em tornado palavra
ordenou a parada: o que basta.

III

Pois o velho (idade incerta
beirando o sossego), seguiu.
No chão que beijou
no pó que comeu
no mijo bebido — houve em certo seguir semierguido

e encascar-se no meio da estrada
sem saber IR ou RIR.

IV

Daí:
donde em sendo o meio a parada à vista
e o regresso ilógico
e o processo absolutamente impossível,
o velho ficou.
Como o vento e o pó.
(Como o chão.)

Rio, maio de 1963

Poema desesperado

Esta noite abortarei as rosas mais vermelhas
que em mim geraram a minha angústia.
Caminhando intranquilo nesta noite
escarrarei o fel e o fogo que nasceram frutos
do fato verde, azul, oliva, negro
desta figura emoldurada em minha frente.
Desta moldura onde não encontro mais que a coisa
                                        [semiaberta
remodelando o barro desta angústia.
Em pretoazulrosavermelho — já sem pouso
o meu escarro há de deixar no imenso rastro
a marca escura desta noite apodrecida.
Transporto a face da pessoa amada
(distante como a rosa esbranquiçada
que plantei na infância em meu jardim perdido)
e aniquilo (já tranquilo) esta lembrança amarga
dos anos dissolutos e passados.
(Descubro agora: neste bar só vendem ausência.)

Crianças, esperai! o poeta está perdido dentro da vida
mas há de procurá-las, esperai! há tempo ainda.
É na fogueira acesa deste tempo
que plantarei a rosa e colherei a angústia redobrada,
e me farei em fruto e carne, osso e anzol,
e negarei o fato
e aceitarei o fato.
Esta noite abortarei as rosas mais terríveis,
destilarei em álcool o feto recém-vindo
e alucinado eu brindarei à saúde do meu pranto
e atolarei em verde esta tristeza.

Poema da Quarta-Feira de Cinzas

E em sendo rosa
é como se fosse a cicatriz do tempo
brotando trágica
nos lombos do poema.
Pranto e forma desconexas
— são distância imensurável
pressentida em corpo rosabranca
e na concepção amarga da perda.
E desce.
O poema em carne e ossos desce em rio violento
num tempo violento
de samba
e baticuns.
Sob o corpo
o poema universal
metamorfoseado em amor. Seria hoje
como poderia ter sido ontem.
Nunca amanhã — nunca é possível descobri-lo
no amanhã. Imagina-se o que desce
e passa.

Se fria fosse a noite
não poderia haver o ritmo cadente
e compassado
do samba desfilando na avenida.
E não haveria o filamento de ternura
que o poeta enxergou na face descoberta
acompanhando o samba na avenida.
Não haveria poema. Nem lembrança.

Mas eis dentro da noite a figura
que sacode os ombros
que levanta as pernas
e arreganha a boca.
Fosse visão de bêbado na esquina
ou simplesmente a descarga de emoções
que se guardou demais em deslocadas masmorras
                              [quinhentistas
e nada mais poderia despertar nenhuma ânsia.
Mas era verdade.

E em sendo rosa
é também o fruto de um caminho repisado
a descer feito poema
e amor
pela garganta incerta da avenida.
Na mão
talvez trouxesse a oferenda
que não foi entregue.
Não se viu senão o fato da passagem
a cara pintada
sorriso acanhado de índio selvagem
e as pernas.
E viu-se tudo.

Procurar nos relógios a marca do tempo
é nada encontrar.
Pois que a marca do tempo está impressa
em cicatriz
nos lombos do poema.
Na face do poema.
No corpo do poema.

Sentir-se o estender da mão inatingível
e esticar os braços
não resulta em apego
mas em maior distância ainda.
E o que pensar, então?
— Não pensar.
Fosse num sábado
e nada mudaria.
Aliás não mudaria nem mesmo em sendo
sábado ou domingo
ou nunca mais.
Pressentida foi a vinda do ataque
e nada pôde ser feito.
Era uma rosa
feito um jardim de rosas entreabertas
em meio à podridão de uma latrina.

Interessante
que pensou-se até em fuga
e descobriu-se que todos os caminhos já se haviam fechado
dentro dos muros da certeza pura.
E nem fugir se pôde...
A cicatriz encobria as tintas do poema
e tudo o mais que não era
deixou de ser por completo
a angústia
para tornar-se em fato consumado
(a meio do caminho)
na praia quase deserta
e muito fria.

Ah! cidadão do mundo
e cego

que bem poderias ter sentido tudo
sem nada desfazer...
Ontem seria hoje
e amanhã não poderia perturbar o olfato
que cheirava tudo
o que lhe parecesse amor
e que voltava trancado nas narinas
e não conseguia encontrar amor nenhum.

Se na calçada
outros músicos tocassem a marchinha
em paupérrimos conjuntos
de rebeca e banjos,
outros cruzeiros miseráveis
seriam despejados nos seus bolsos.

Mas os músicos (tristes) extinguiram-se
e caminhar foi a obrigação do poeta.
Falou-se em amor
— mas se a cicatriz tudo devora?
Mas era amor.
Do ingênuo...

Na praça procurou-se pelos pombos
(como num último pedir de moribundo)
— e os pombos dormiam.
Dormiam muito sós nos seus silêncios
e nos seus medos
de quem
de cima
(calado)
observava tudo

e sentia aquela angústia
propriedade particular dos deuses.
E faziam amor
sem coisa alguma mais do que amor.
Sem cicatrizes impressas em nenhum lombo.
Sem momentos despejados na areia.
Sem músicos.
Sem cruzeiros...

Rio, março de 1963

Poema conformista

Nunca escorreu pelo meu corpo a aurora,
nunca senti na minha boca o traspassar de noites,
nunca dormi ao lado das estrelas — que isto
são coisas absolutamente sem importância que
que, de resto, outros sonhadores
já tiveram o cuidado de sonhar.
Eu em mim
incrivelmente existo e me basto.

O temer e o esperar passaram por completo.
E a vontade de ver o invisível
e tocar o intocável
e calcular o necessariamente incalculável
também passaram e não prossigo nisto.
Sou exatamente o que me basto para continuar sendo.
E nisto me basto.

Quando não pude alcançar o lado oposto
e me perdi e não voltei atrás,
eu prossegui pelo caminho e não parei.
Quando na volta preferi vir só
eu me bastei com meus distensos músculos
e não cortei demais a minha carne
em pedaços inúteis.

Minha incerteza quando dói a afasto
e não me engano em pensar o que não posso
nem me abandono a construir filosofias que a encharquem.
Se não componho as sinfonias que escuto
ninguém o sabe: eu não sou músico.

Quando não sei se devo ou se não devo prosseguir
em escrever poemas e asneiras,
eu nada faço e me recolho: o poeta que não sou
pode nascer ainda.

Como o dedo apagaria o sol
congelaria a aurora no meu corpo
e afastaria estrelas — mas não quero,
outros sonhadores já sonharam isso.
Como eu disse, sou exatamente o que me basto para
[prosseguir,
e não quero mais.

A crise

I

(Ao redor de minha mesa no escuro
cadeiras imóveis que reclamam corpos
e não vêm.)

Como um derradeiro suicida de após bomba
procuro aniquilar o inseto impossível
que continuo sendo
a zumbir sobre a minha própria cabeça
em mirabolantes circunvoltas.
Há em tudo uma extensa camada de sossego
que inquieta. O medo
tece invisíveis teias de pavor sobre o meu corpo.
Caras que não podem esbugalhar-se mais
observam impassíveis a destruição do mito.
E não choram.

II

Uma rosa branca nasceu no inferno.
Pudesse ser um consolo
e eu me agarraria a isto e não veria coisa alguma além.
Mas hei de. E o lutar anda muito inglório
atualmente.

Pergunta: por que não mais sentir o inseto
apagando a cabeça?
Continuar poderia ser mais

ou MENOS,
mas não é.
O inseto voa baixo e não abaixa
sobre minha cabeça.
Rodo. O inseto voa muito alto.
Viro. Subo. Salto.
O inseto sobe mais e sobe mais um pouco
e some. Mas a sua presença continua doendo
como se ele estivesse mesmo
encravado no meu fígado.

Poema silencioso dentro da noite

Três fatos — um sussurro — abandono,
a faina do amor e canso.
Corre e sobe em torre escusa,
espero:
nada desce ou se adianta
mais.

Por cinco copos e alguns prantos
te observo. Uísque vagabundo
em copo (daqueles a quem
não se pode negar a boca amarga)
e a mão branca e torta imiscuindo
letras
e propondo antologias
em tempo de cartilha.
a m o r
a m a d o
a m a r i a
(p o s s u i r
ser
é s)
n u n c a

Para mim
conjugar o verbo amar
é pôr um nunca antes de cada tempo
e esquecer as desinências
que não sejam as minhas.
EU
TU
e só.

Dois nomes se confundem no assoalho
e abraçam o escuro
e se procuram
e não se encontram.
A carne é forte, filho!
Dura.
Seca.
Sonolenta.
Dois nomes não se acham
se começam por letras diferentes
e distantes
dentro do alfabeto convencional.
ama. amo. ama.
     vai
     vai
     vai
ama. amo. ama.

Esvaiu-se o que de esperança ainda havia
e ficou a tristeza de saber
sendo
sem querer
sendo
sem sentir
sendo
e mesmo assim
sendo.

E se contar valer?
Um desejo
dois desejos
— d e s
en
  c
on
   t r o.

("que a vida, meu amigo, não é um traçado de metafísicas
  [magníficas, mas um desencontro de frustrações em
  [combate". PMC)

Vamos caçar nas ruas
Enquanto o amor não vem...
— tá pronto, garoto?

Pssiiiuu... cuidado
que o garoto dorme
e sonha sonhos
cor de sonhos aureoazuis
em fundo roxo.
Só muito baixinho,
Beethoven,
eu deixarei que toques tua sonata.
De resto... façam silêncio
            silênci
            silênc
            silên
            silê
            sil
            si
            s
            .
            .
            .
            .

            .

            .

A mão e a luva

Há necessidade enorme de uma mesa
onde a mão alcance um telefone
e veja a rosa.
Há necessidade de uma linha especial
que ligue a mão à mão que nunca espera
que converse com a mão que nunca espera
que diga tudo à mão que nunca espera.

Mais: há carência urgente de uma rosa
que consiga atravessar esta barreira
e fale e diga à rosa do outro lado
da solidão do mundo
desta tristeza imensa
e desta angústia que já é constante
e dói.

Há necessidade de sorrisos: sorrisos telefônicos
mas que sejam. E mais:
há uma vontade louca de metamorfoses
de transformações de que não se duvidem
de notícias espalhadas sobre a muda.
Manifestando o nada
triste infarto sobrevive.
Ultrapassando o amor
o que resta nunca mais que vale a pena.
Pois há que haver um telefone sobre a mesa
e uma linha especial
e uma rosa.

Pois há que haver sorrisos transmitidos
desde os lábios
(tristes lábios ressequidos
que a distância quase deixa se apagarem).

Um telefone sobre a mesa
e uma rosa. É só.
Já basta tudo isso,
que a pessoa existe incomunicável
e longe — mas existe
e atenderá.

Poema essencialmente noturno

À falta da pessoa,
hoje amarei a ausência também do sentimento antigo
e lembrarei que os dias já foram azuis
e as noites somente escuras
quando desconhecíamos a palavra medo
e não sentíamos medo.

Amarei o antigo sentimento de ternura casta
palpável, àquele tempo, em mim,
distribuída entre os aposentos da casa enorme,
os três degraus da entrada
o sol nascendo pelos punhos da rede
e o muro do colégio das freiras, quente.
(Que estas lembranças me bastam.)

Porque não há a pessoa
e eu caminho só e triste pelas calçadas do Rio
e não chego a nenhum destino, porque não tenho destino,
eu hoje amarei a distância que separa eu menino
de mim desesperado, aqui
e me perderei pelos caminhos enrolados uns nos outros
e rolarei de gozo sobre a minha sombra
e chorarei depois porque não sei voltar.

Exodus

Não mais que gente a toa nessas ruas.
Por isso a fuga que eu faço. Não corrompo
— disto eu sei — ambiguidades alheias.
Há um pasto. Há muito capim à beça.
Há beatas bendizendo o santo sinal da cruz.
Há jardins incultivados. Há nós. A noite, o mar.
Por isso a fuga que eu faço.
Repara: estou em carreira,
fujo com medo da fuga e me abstenho inteirinho
de opinar sobre esses fatos. Pois que é preciso que eu
                                                    [corra.

Não há barcos.
Não há velas.
Existe apenas o mar. E as ondas que me sacodem
transportando o que não sou
de encontro às tuas paredes.
Há desespero a minar... há gente que não vemos.
Se existem lábios abertos — eu não sei, não vejo ou toco.
Se existem olhos vermelhos — ignoro por completo.
Existe a fuga e isto basta.
Existe a fuga movida
por este conhecimento
da podridão desta coisa
que pensa chamar-se vida.

Durante o tempo parado
levei chicotes nos lombos
e daí tudo eu tirei do que ainda fosse um escape.

Fugi. Corri levando do tempo
os minutos que sobraram. E não sobraram minutos.
Nem segundos. Rosa e tato foram o meu consentimento
pra que a vida se fizesse. E tudo o mais que não foi.

Procuro o ponto primeiro — Babilônia recém-achada
e encontro somente o ferro
deste chão que é o chão que eu piso. Ferro quente, feito em
 [brasa, luares de luminosos que nada mais alumiam.

Sou fruto de um desespero
e me recuso a ficar.
Sou ave primeira, fato,
na escuridão desse mar.
Eu me recuso a aceitar... e fujo,
por isso eu corro
deste compasso de dança
que eu nunca soube dançar.
Pois que é preciso esta fuga,
esta procura,
este encontro.
Pois que é preciso fugir.

Poema do aviso final

É preciso que haja alguma coisa
alimentando o meu povo:
uma vontade
uma certeza
uma qualquer esperança.

É preciso que alguma coisa atraia
a vida ou a morte:
ou tudo será posto de lado
e na procura da vida
a morte virá na frente
e abrirá caminhos.

É preciso que haja algum respeito,
ao menos um esboço:
ou a dignidade humana se afirmará
a machadadas.

Rio, 22 de setembro de 1962

Outros poemas

Motivo

É difícil escrever uma poesia para nós mesmos!
Quem foi que disse que é fácil?

Bem... é hoje o meu aniversário.
Nove de novembro...
... e já se foram 17 noves de novembros...
17 ainda virão?
Será que já passaram mesmo 17?
Passaram?
"Je pense, donc, je suis"
"Je ne pense pas donc je ne suis pas"
"Je pense, donc, suis je?"
"To be or not to be"
Sou?
Não sou?
Serei?
Fui?
Foram?
Dúvidas... Por quê?
Quando? Onde?
Por quê?

Parto fórceps.
Minha mãe quase que morre.
Quase que eu morro.
Médico burro!
——————————— Como foi que César nasceu?
——————————— Com uma cesariana?
E eu?

Parto fórceps... a ferros...
(Seriam os ferros da escravidão eterna?
Não quero ser romântico, não)
Acho que vou ser existencialista.
Mas aí serei escravo da vida...
... que pena!

Puxa! Como é difícil escrever uma poesia para a gente!
Como é difícil a gente se decidir!

Nunca pensei!
Jean-Paul Sartre
   Simone de Beauvoir
Voltaire
       Molière
Os irmãos Lumière!
O cinematógrafo!
Elizabeth Taylor!
Eu... tu: o pinico.

Há alguém batendo à porta.
Você!!!
Robert Louis Stevenson. Capitão Flint!
A senhora!!!
Dona Nicota! Dona Lurdinha!
Donana! Dona Maria de Jesus!
Cadê seu marido, Dona Vilma?
Cadê minha infância, Torquato?
As professoras levaram consigo
e eu nunca me apaixonei por nenhuma delas...
... eram tão feias...

Bang, bang, bang.
"A deusa de Joba"
"Flash Gordon no Planeta Marte"
"Durango Kid" "Os tambores de Fu Manxú"
"As aventuras do Super Homem"
"Rock Lane"
E eu nasci a 9 de novembro de 1944
Em Teresina
Piauí
Brasil;
Quando a grande guerra estava terminando
e a minha guerra estava começando,
não é, Sigmund Freud?
Bang, bang, bang.

Wellington Moreira Franco
Bonachão.
Dengoso.
Rico. (O pai tinha um automóvel, uma casa
    bonita e uma propriedade na Socopo — a piscina.)
Amigo. O primeiro deles.
Quando ele foi embora eu até chorei!
E chorei sentido,
Lágrimas de amigo.
Apesar das chatices da D. Kerma.

"E Nossa Senhora 'obrou' dois milagres"
 Dizia eu na carta pra mamãe.
    Que fé!
"A garotinha muda falou"
"O aleijadinho andou"

"E Nossa Senhora obrou
   milagres."

"Mamãe,
 (eu dizia na carta)
Nunca em Teresina se viu coisa igual...
Um povo! A avenida enfeitada! Eu
na esquina com a Tia Madá.
Nossa Senhora veio de trem,
diretamente de Portugal
e passou por Fortaleza.
(Dizem até que a imagem é feita de madeira!)
Ganhei um retrato dela, mamãe,
mas quando a senhora vier,
por favor,
traga um sapato para mim,
sim?

"Mas como você fuma bem!"
Cretino.
Eu nunca fumei que prestasse.
E eu só tinha 8 anos...
Hoje tenho 17 (?) e ainda não fumo direito.

Pernambuco,
safadão! Guarda pra lá teus picolés
que eu não quero eles, não!
Porco! Que é que tu estás pensando?

Por favor, Torquato, não fale com a boca cheia!
Tire os cotovelos de cima da mesa!
Coma.   C — O — M — A.

Repetirei Paulo Mendes Campos
"Sou restos de um menino que passou"
Tolices tolas de adolescente tolo.
E eu só tenho 17 anos.

Bahia, 9 de novembro de 1961

Poema da repentina saudade

Canta alto, meu vaqueiro,
o aboio da minha infância.
O dia já vem morrendo
e a noite esquece de tudo...

Na porta do meu curral,
vaqueiro, canta o aboio
quando o gado vem descendo
um a um conjuntamente
pra bem de perto escutar
o canto do meu sertão.

Só eu — distante — não posso
essa encosta mais descer
pra bem de perto ouvir
pra contar gado por gado
saber os que ainda faltam
tanger os que não são meus.
Mas não importa, vaqueiro.

Meu vaqueiro, não importa
pois mesmo de longe eu juro
teu cantar aboio ouvir
ver o teu chapéu de couro
os teus pés escalavrados
as tuas mãos calejadas
o teu corpo ereto e firme
à porta do meu curral
dando entrada pro meu gado

que um a um já vem vindo
e bem de leve chegando
teu lindo canto assuntar.

Daqui sozinho eu escuto
saudoso que só eu sei
tua voz chorosa e macia
que à porta do meu curral
cumprindo com o seu ofício
canta bonito e penoso
a canção do meu nordeste
o canto do meu passado.

Rio, 8 de julho de 1962

Desejo

Mas....
se eu pudesse um dia
com as mãos o sol pegar;
a lua apertar entre os meus pés
e
trêmulo de prazer,
em plena Via Láctea, todos os astros reter comigo,
um gozo frenético e sem fim,
apesar de tanta infelicidade
eu chegaria a ter pena de mim mesmo
pois, indiscutivelmente,
eu estaria louco,
demente!

Bahia, 2 de julho de 1961

Soneto da contradição enorme

Faço força em esconder o sentimento
Do mundo triste e feio que eu vejo.
Tento esconder de todos o desejo
Que eu não sinto em viver todo o momento

Que passa. Mas que nunca passa inteiro.
Deixa comigo o gosto da lembrança
E o fantasma de só desesperança
Que me empurra e de mim me faz obreiro

De sonhos. Faço força em esconder
Do mundo a dor, a mágoa e a cabeça
Que pensa tão somente em não viver.

Faço força mas sei que não consigo
E em versos integral eu me derramo
Para depois sofrer. E então, prossigo.

Nostalgia

ao amanhecer,
quando o mar tão grande,
gigante tenebroso,
balanceando as águas vem varrer
d'areia branquinha da nossa praia
as marcas dos teus passos
as marcas do teu corpo nu,
as marcas de ti, que eu quero bem,
junto comigo,
a lua que já morre,
chora enormes prantos, com saudade de ti,
querida:
com saudade do teu carinho.

Bahia, 20 de agosto de 1961

Ele não passa de nada; um imenso nada;
um nada grandão... deste tamanhinho,
assim... assim... assado.
Eu não sei... eu não garanto,
pois eu nele naveguei,
e nada vi. Nada vi;
pois nada, nada enxergava.

E do imenso mar da morte,
de águas pretas e odor de enxofre,
com milhas e milhas de completa ausência,
eu apenas guardei comigo uma eterna ignorância.

Bahia, 26 de setembro de 1961

Via-crúcis

abriu-se a porta este meu ser entrou
desajeitado e tonto
verificados os lábios que sangravam
e as mãos que não se retorciam
meu eu assinou a ficha inicial e na parede marcou
exatamente
o tempo.
dormiam-se nas cavas do silêncio
as quatro musas que nunca invocarei.

janeiro de 1963

Stop;

Para, Hércules!
Solta o Leão de Nemeia,
Entope Gibraltar; descansa um momento
E chora, porque eu vou morrer.

Aquieta-te, Nero!
Apaga o fogo de Roma.
Larga os cristãos; segura tua harpa
E chora, porque eu vou morrer.

Escuta, Colosso de Rhodes!
Larga essa tocha;
Fecha esse porto; te senta um pedaço
E chora, porque eu vou morrer.

Acalma-te, mar!
Descansa tuas águas!
Enxuga tuas praias; afoga-te em ti
E chora, porque eu vou morrer.

Alerta, campônio!
Põe de lado essa enxada;
Expele esse arado; depressa, queima tua casa
E chora, porque eu vou morrer.

Atentai, todos os homens!
Parai um instante;
Olhai para cima; chorai uns três mares
E também morrei, porque eu vou morrer.

Bahia, 12 de outubro de 1961

Memória

Ah!
Arabescos lindos do meu jardim
de elefantes dorminhocos
e de formigas prostitutas.

Ah!
Alinhados postes de algodão, da minha rua
de diamantes sem preço
e de cimento branco, roubado no domingo.

Ah!
Analfabetas mil, do meu harém
de virgens sem cabaços
e de putas importadas de Istambul.

Ah!
Americana equestre dos meus filmes de "cobói",
dos braços do Rocky Lane
e das minhas amargas recordações do banheiro.

Ah!
Aaaaaahh... fagos desperdiçados
na noite do casamento
e no momento triste do enterro alegre.

Ah!
Amor sem graça, abobalhado e triste
de adolescentes desvairados
e de frágeis pontes que sempre desabam.

Ah!
Ana. Ana Celina.
Ana Maria. Ana Cristina.
Ana Safada. Ana Regina.

Bahia, 19 de outubro de 1961

A mesa

A mesa recebe e consente
o contato. Parada, açambarca
o sentante. Sentida, despede
o sainte.
        E fica.

A mesa é quadrada, redonda
(não tem cabeceira marcada)
É de pau, é de fórmica
e é útil: recebe.

A mesa é amiga, inimiga:
— depende, não ouve, é calada.
A mesa, se é quente não queima
se é fria não gela:
                conforta.

Na mesa sentamos. Na mesa
esquecemos. Na mesa lembramos:
                Voltamos depois.

Ode

amanheceu.
a manhã florida, risonha, enganadora,
cínica,
nos convida a viver gozando intensamente;
gozar: gozado!
gozar a vida, gastar a vida,
superfluamente fabricar vidas. de que vale isso?

é cedo na manhã do prazer.
naquela fábrica, ali ao largo,
o apito a apitar
nos vem chamar, nos alertar
pra vida dura e séria que ainda temos à nossa frente.
imensa?
. . . .
o apito parece saber, mas,
(malvado!), não nos diz;
apenas nos acorda,
nos chama,
nos traz à tona do mar da vida
e continua a apitar, um apitar assim,
um piiiiiiiiiiiiii... enorme,
sem fim.

apita, apito; apita!
apita e vai chamando a mocidade...
apitando, vais mostrando à juventude incerta,
cambaleante,
louca,

alucinada e ávida de prazeres,
que no trabalho está a salvação para os seus males
e que a vida é mais que o gozo supérfluo,
nojento,
sujo e degradante!

vem!
acorda aquele jovem que dorme no lamaçal do mal
e da desgraça;
abre os seus olhos,
e mostra-lhe que a vida é lida,
velho amigo.
mostra-lhe agora
como outrora me mostraste a mim,
que a vida é dura,
é esforço, é trabalho,
e que ele a deve viver sempre assim.

apita...
faz dele um homem, apito velho daquela fábrica ao largo;
e depois, eu te peço
velho camarada,
não para nunca de apitar,
apitar sempre,
sempre alertando,
sempre mostrando,
ensinando sempre
e sempre guiando todos os moços que ainda virão,
enquanto mostras ao mundo,
cheio de ricos parasitas,
que teu simples apitar,
este piiiii-pi... rouquento que cotidianamente

espalhas pelos ares,
encerra mais sabedoria
e mais experiência,
e mais virtudes, que todas as sabedorias
e todas as experiências
e todas as virtudes desta nojenta sociedade
de antropófagos,
de homens bichos,
de racionais irracionais, que até agora
não compreenderam o significado do teu som,
não captaram, ainda, a tua mensagem,
tão curtos são.

Salvador, 20 de agosto de 1961

Declamado por José Gabriel Castilho Filho, durante a sessão solene em homenagem ao dia do mestre, a 14 de outubro de 1961

Patriotismo

Verde,
Amarela,
Azul.
Um pouco branca, também:
Bandeira do Brasil.

No fundo, o verde;
A esperança no fundo de tudo.
E o amarelo agigantando-se.
Amarelo plantado no verde.
(Ouro plantado na esperança.)
Simbolismo!

Lá no amarelo,
No ouro da esperança,
(Ou na esperança do ouro),
Brincam estrelinhas num céu azul
De mau gosto.
Umas brincam outras dormem
Sob um céu azul escuro que anuncia tempestades.

Aumentou mais uma estrela!
22 já brincam
E dormem agora sob o céu da tempestade,
À espera da tormenta.
Tomara que ela custe!

Mas cortando esse céu de mau agouro
Um arco-íris branco,

(Todas as cores uma só)
(Uma cor com todas as coisas),
Verde,
Amarelo,
Azul
E até preto — que é ausência,
Aparece abobalhadamente,
Estupidamente,
Hipocritamente a proclamar
Com letras verdes, verdinhas de esperança verde:
"Ordem e Progresso".
Compte présente. Ausência...?
Palhaçada! Simbolismo!
E voltando, atrás da tempestade,
Atrás do azul,
O ouro.
Azul com ouro a fundeá-lo.
Ouro enterrado na esperança. Somente de esperança —
                                          [nada mais.
E como o ouro, o resto todo.
Tudo é simbólico... a bandeira, o pano, a pátria, a bandeira.
Verde,
Amarela,
Azul.
E até branca.

Bahia, 15 de setembro de 1961

Hai-kaisinho

caminho no escuro
que é
que eu procuro?

Teresina, 23 de dezembro de 1961

À parte

tenho andado um bocado
                abobalhado,
                alucinado,
à procura não sei do quê.
                por que não acho?
amigos,
amores,
alegrias,
amanhãs,
e o pior:
       ontens.
cadê o presente?

Bahia, 31 de outubro de 1961

Definição

Teresina
Ausência
De uma presença...
Da mesma ausência...
Só memória na memória
Sempre viva.
Só saudade... só distância...
Só vontade.

... e um ardor medonho no peito.

Rio, 23 de agosto de 1962

Tema

"... E agora, José?"
Perguntou o Carlos Drummond.
E agora, José,
Responde depressa ao Carlos Drummond.
Responde, José; responde se és homem:
"... e agora?"

Anda:
Ele é teu mestre,
José;
Ele é teu amo,
José;
José;
Ele é teu pai.
Responde-lhe: "... e agora?"

Pelo menos José do Carlos Drummond de Andrade,
Informa, depois de pensar:
Quem é o culpado de eu não ser poeta?
O Carlos Drummond?
Meu pai?
Minha mãe?
Tu, José?

Será que tiraste toda a poesia
Que antes brotava,
Jorrava de mim?
Por que, José?
Por quê?

José do Carlos Drummond:
Tu és um ladrão.
Roubaste a minha poesia.
Deixaste-me só.
Abandonado, nu.
Sem poesia, sem nada.

Bahia, 10 de outubro de 1961

Poema de Natal
(Com o perdão de C.D.A.)

faço que chuto as pedras do caminho
mas sei que elas persistem
ou se adiantam
e vão me esperar na frente
para que eu novamente faça que as chuto.
ou chuto mesmo?
as pedras que eu chuto
(chuto?)
me encontram no caminho
e nunca me saúdam
ou dizem adeus
mas o caminho é longo.
e as pedras que me seguem
e que me esperam no auge do caminho
não me falam nunca
nada,
não trazem nunca mensagens
nem me contam aquelas coisas que me embalam.
as pedras que eu chuto
(chuto?)
se integram já ao vento
ao pó
à réstia de caminho
que é o caminho que eu trilho
assim,
assim.

1

no começo as garras
eram mãos imensas que me protegiam,
que me indicavam o rumo
que era o certo
e me afastavam das veredas que eram estreitas
e más.
eram as garras.
as mãos imensas que me orientavam
e que me amedrontavam
com o caos que eu nunca via.
o caminho em clave de sol.
as pedras em dó menor.
a pauta
as mãos
e eu.
....
tirando bolo?
— bolo.
jacarandá?
— dá.
e se não der?
— apanha.

2

não havia coqueiral
nem árvores
nem nada.
não havia a roça,
a mãe doente

nem a casa — grande —
à rua são joão
... antiga pacatuba...
número mil e quarenta e dois.
havia a pedra que era rochedo
e
na cozinha
se chamava Das Dores.
alta.
magra.
de chinelos.
a vida como veio
carregada de rosários e de terços bentos,
(sou filho do norte
nas trevas nasci)
a vida como era o algodão mais fino
a foice mais afiada
o mais pesado martelo — me empurrava
ao quedo das coisas
me contava de que existe um mar.

3

flash gordon!
fú manchú!
a deusa de joba!
a adaga de salomão!

4

o burro chega à janela
e espia a manjedoura.

lá dentro dorme o menino
e os anjos cantam
e os homens crescem muito mais depressa.
espia o burro.
calado
o burro espia e pressente
que aquele menino vive
chutando josé e maria
como pedras imprestáveis
pedras agora sem uso
no meio do seu caminho.
nada entende o meu burrinho.

5

carlitos,
amigo velho que eu conheci tão pouco,
não imaginas quanto és um consolo.
não imaginas,
carlitos velho de chapéu de coco,
amigo antigo dos salões escuros,
parco bigode que chacoalha o mundo.
não imaginas,
criança indefesa,
soldado mandado,
pregador por via das dúvidas,
garoto triste sempre de bengala,
inexplicavelmente afoito!
é tão meu este teu
desamparo
carlitos velho

e amigo
e sempre.

6

no escuro estamos o quarto e eu.
que o mundo passe!
a vida apodreceu e bate ainda
porque mais forte,
muito mais é o coração.
a vida bate mas eu chuto a vida.
(a pedra.)
já não me importa mais a mulher
que morre de frio na calçada.
os membros falam.
se os braços não se movem mais
nem obedecem à ordem dos instintos,
que morra a mulher,
que sofra o homem,
que padeça o filho.
estou no preto.
que as pedras voem e não respondam
nunca
ao berro do que sinto.
porque não sinto mais que há mistérios
de vida
nem de morte.
no meu palco abriu-se a cortina,
entraram em cena os atores
e começou o drama.
comédia?

7

que manquem nos hospícios os lunáticos.
já conseguiram tudo
e o resto é só perdão.
o resto é esforço que não se merece,
e pedras que escapam das chutadas.
carlitos, meu amigo!
caubói sereno que se afasta no cavalo
e que se vira ao longe,
bate com a mão
e galopa avante.
tufão — voando.

8

o mar era o princípio e o fim da controvérsia.
falaram as ondas
e nada as respondeu.
(as ondas: as pedras.)
o resto é a estrada.
a que
cheguei cansado.
ao fim ou ao começo? cheguei cansado e triste.
no caminho, as pedras.
na distância, a perda.
no carinho, a dor.
cheguei,
enfim.
nada tão triste como plantas secas
à margem do caminho que trilhamos.
pedras? existem.
fundo de mar como estratosfera,

no duro, fera,
fera que engole e que devora os fracos.
se se caminha
e se se espreita a frente,
mesmo sem medo,
pior ainda é recordar o atrás.
sucumbe o longe.
arrasa o perto.
na rota estreita seivada de empecilhos
o homem para,
chora a mulher,
morre a criança.
e a vida passa.
impertinente.
nada devolve.

9

as luzes refletiam inconscientes
as sombras de desgraças espalhadas.

10

imperatrizes ocas decidiram:
melhor amarem do que serem amadas.
que represente a troupe.

11

e agora é inverno.
o mundo passa sonolento, triste,
o homem para e nada mais escuta.

que sofram os párias!
este caminho é longo
e feio,
garrafas secas informam paisagens
invisíveis.
torres se erguem.
azuis se espumam.
cimentos milenares se dissolvem,
josé,
o que fazer?

12

rangem as portas e se insinuam as mãos
que me sufocam.
quase que sonho.
(a pedra: o sonho.)
estende as mãos o cristo
e se dissolve na imagem o simples das coisas.
se existe deus?
existe o meu caubói
e o cavalo tufão que é branco quanto à enxada
que cava
e não tem culpa de encontrar.
se existe deus?
agatha christie
e o missal em plena missa.
as grades
(as pedras)
a vida (caminho) que ensinava
o mistério do parto,
a gazeta nas esquinas,
o amor de que sou fruto

e de que não serei semente.
parede existe.
ouvidos, não!
as pedras (pedras) que rolavam em avalanche
e me assustavam,
a neve — o sonho (pedra) que sempre sonhamos
e o (caminho) rumo que sempre se trilha.
tudo sombra.

13

e água.

14

montava na besta (besta fera que nunca esquecia),
e saía assim, ao ermo pasto das desgraças.
e que allah nos visse!
o vampiro do dia cavalgava em sereno corcel
e tudo mais,
a besta — o caminho
o pasto — a vida
o vampiro — a sombra,
e tudo o mais se transformava em negras noites
com esquinas
e com guardas caminhando pelos becos.
se passavam as mulheres que eram
as próprias caixas registradoras dos
bancos falidos que já somos,
os membros se tornavam povos,
as luzes mais ainda se acendiam
e as crianças quase que prevaricavam.
e se passavam os homens,

duros,
firmes
e cansados,
retrato horrendo do que é a vida,
(o caminho, as pedras, as vaias, os açoites),
as mulheres simplesmente bocejavam,
espreguiçavam
e anunciavam o estreitamento de que eram vítimas.
era de noite.

15

mas ainda é dia...

16

nas pedras que se exalam das estradas,
a derradeira impressão ficou.
calada.
no caminho que se trilha a vida inteira,
a impressão ficou.
morrendo.
e o corpo que se dane...
e que se exale
calado
e que caminhe
ficando
e que persista
morrendo.

1962

Poeminha só de brincadeira

Sacro
sacripanta
sem sal
e sem ponta
arrufa
na porta
da casa
da moça
da dona
da casa
(sem asa)
com brasa
que vaza... vazando
sumindo.

(Oh! mero
imitador
de Homero
o grego
da história
da guerra
de Troia.)

Helena,
Verbena
tem pena
de mim.

E o sacripanta
da santa
do altar
de jacarandá
pintou os canecos
de cor
de carmim.

(Qual é a cor do carmim?)

Teresina, 26 de dezembro de 1961

Estória

Omar... no mar.
Omar está sozinho. Abandonado.
A estranha imensidão daquele convés de navio belga
sujo, sem rumo
amasiada à soberba intranquilidade do mar oceano,
não conseguem imprimir no espírito calejado de Omar
os não mais misteriosos mistérios do mar.
Omar! Oh! mar...
Amasia-te também. Foge.
Fura. Omar!
....
As árvores balançam, as crianças vadiam
a chuva cai.
E como cai! E como chove!
....
Omar ensurdeceu. Calou.
Não pensa mais... e pensa que olha o mar...
(Soube que houve antigamente — não sabe onde, talvez
   [na Turquia, Arábia, Alexandria, sei lá, — soube que houve
   [um seu xarapa, grande poeta, um dos maiores. Mas não
      [há motivo de orgulho. Só medo.)
....
Olha, Omar, o mar já vem!
Duas lágrimas. A número um de contentamento. A lágrima
      [número dois de contentamento, também...
Contentamento e contentamento porque Omar enxerga
            [o mar.
O mar de Omar
que cada vez está mais longe.

Por quê?
Omar quer saber. O mar não diz.
      Calam-se

....

E Omar prossegue sua viagem mar adentro.
Sozinho, ainda.

Teresina, 23 de fevereiro de 1962

Sábado qualquer

Oitenta e dois cruzeiros!
Pés no bondinho:
                olhos no Rio.
Pensamento na garota ali ao lado,
pipoca na mão direita
na errada, namorado.
Coração mais longe...
    — Olha o aterro da Glória!

Já meus olhos examinam Botafogo.
A enseada. O edifício.
As ruas que se entrelaçam,
os carros que nelas passam.

Começa a segunda etapa
na fila que não tem fim.
Na conversinha de sempre:
    — Como vai?
    — Assim, assim...

E logo chega o momento
de prosseguir no tormento.
De novo olhar a paisagem:
Botafogo
   Urca
  Flamengo
Niterói
 O mar
  O morro

O monumento.
A praia.
Praia Vermelha:
Santos Dumont.
    — Homem voa?
    — ... E anda de bondinho.

— Olha a mão!
— Enfim...

Rio, 17 de março de 1962

Fixação do momento

a pequena vila vai ficando longe.
o rio sinuoso, águas barrentas e provavelmente frias
vai circundando tudo.
os fios do telégrafo em louca disparada
riem de quem fica e quem passa.
verde por todos os lados.
pelos três lados, verde verde verde:
este trem ruma pra minas...
vagão leito com sonhos de meninas, meninos
e velhas paralíticas.
poltronas do vagão "c" com rostos cansados
ansiosos
e aquele casalzinho em lua de mel.
vagão restaurante com garçons de cara dura
e bifes de carne dura...
vacas, bananeiras
pés de cana e de eucalipto
lá embaixo, mangueiras.
eu cansado...

o céu é azul
o sol é refrescante

... penso que o trem se esqueceu
de que minas não há mais...

Estrada de Ferro Central do Brasil, 15 de julho de 1962

Balada para acordar Rosinha

Não, Rosinha, não é nada:
É apenas a lua que passa
Acompanhando o enterro
De uma noite que morreu.
Aquela luzinha verde
Que você vê bem lá em cima,
Rosinha, não é nada não:
É só o sinal dos tempos
Que fechou para um passado
E que se abriu para nós.
Aquelas vozes, Rosinha,
Que você me diz que escuta
Eu te garanto, não é nada
De meter medo: são as estrelas
Cantando, para nós, o *Magnificat*.
Precisamos responder! E não aqui
Neste quarto, sujo, triste, embriagado,
Ficarmos somente ouvindo
Com medo de agradecer.
Nós somos grandes, Rosinha!
Não devemos temer nada.
Não há razão para medo,
Só há razão pra viver...
Quer ver, repara: o sol
Não está hoje mais aceso?
Não é que o dia que nasce
Parece bem mais bonito?
Não é que nós dois, Rosinha,
Aqui juntinhos devemos

Estar muito mais felizes?
Deixar de lado o pretume
De uma noite que passou,
Escarrar fora esse amargo
Comer cem quilos de açúcar
Beber cem litros de mel
E como esse povo todo,
Virarmos bolas de neve?
É, Rosinha, você sabe,
Tristezas não pagam dívidas...
Ser triste não vale a pena
Não bota ninguém pra frente
Não deixa viver a vida...

Há uma porta, Rosinha.
Está trancada. Mas abre!
É só procurar a chave
Perdida dentro de nós.
E lá fora o mundo é outro!
A vida é bem diferente,
Bem mais bonita a paisagem
Bem mais barato o caixão.
É só não ligar pra nada
É só caminhar sem medo.
É só não olhar para trás...
...
Repara, Rosinha, a lua
Agora já vem voltando
Do enterro daquela noite...

Rio, 15 de novembro de 1962

O momento na calçada

Em riste — o corpo aponta o homem
que passa dentro do paletó. E nada mais
se fala
do homem que segue o seu caminho
conversando com os botões da sua roupa
e calado — passando sem ligar ao copo em riste
que o aponta e fica ainda cheio sobre a mesa.

Rio, janeiro de 1963

Dia

Na praça enorme
sozinho, o homem
quase grisalho
sapatos pretos
camisa branca
gravata velha
terno surrado,
— com mãos potentes
o filho dia
arranca às pressas
da noite mãe
e suspendendo-o
o mostra ao mundo.

Na mesma praça
num outro banco
sozinho, um homem
quase comum
pega o fedelho
com mãos cansadas,
abre-lhe os olhos
e em voz pausada
lança-lhe à cara
seu desafio
mais derradeiro:

— "Ou me decifras
ou me devoras,
menino chato."

Rio, 15 de setembro de 1962

Brasil
vamos embora pra lá
embora o til
do coração não vá

O til
não voa nem cobre o a
bsurdo: o brasil
daqui chegando lá

Brasil
eiro, não quero chegar
antes do fim
deste desejar

E o fim?
a mim me cabe. Depois
não é pra mim
o lugar: eu quero dois.

A gênese telúrica

Não eram os que me sorriam:
Não eram os que me apedrejavam.
Não eram as que me mordiam:
Eram as que me achincalhavam.
— E eu perdido no meio
Egocentro discentrado
A chuva que não caía
O tempo que não passava.
Formigas que carregavam
As folhas feito jangadas.
União que não fazia
A força que eu não encontrava.

(Não era o fundo do mar
— Era no fundo da vida
Onde eu nunca viajei
Lugar que eu nunca explorei
Pois que não sei como o faça.)

Sei que vi gente morrendo
Nas garras dessas formigas
Sei que não vi Federico
(O que morreu em Granada)
Mas vi cobras enroladas
Nas pernas pretas de estátuas
E peixes que conversavam
Com a rosa flor da manhã
E homens que perguntavam
Pela noite que não vinha

E mulheres que pariam
Lagartos cor de azedume.

Sei que nada me explicava
A razão de tudo aquilo.
Das bombas que não explodiam
Sobre os meninos cansados
De olhos esbugalhados
E mãos que nunca pediam.
Sei que vi gente morrendo
De sorrir do velho Chaplin
Assim num riso de angústia
De quem não ria: chorava.
E eu sei que não perdoava
As fitas tão remendadas
Que eram postas vermelhas
Nas cabeças das meninas.

E também lembro do muro
Onde à força me encostaram
(Que eu bem me lembro do muro)
Sem que eu nada compreendesse
Pois que eu não tinha pecados
Não era um homem tremendo
Na porta da caixa-forte
Não era mulher da vida
Nem era trabalhador reivindicando salário
Mas havia mãos erguidas
Com as pedras todas em riste
Que passavam quase rentes
Com meu olho meu nariz.
Depois me lembro da chuva

Que caía e não molhava
A solidão de ninguém.

Num tempo azul quase azul
Passavam rinocerontes
Com cinco chifres na testa
E em cada um uma rosa
Pendurada me piscando
— E que depois me deixavam
Feito lagarta no muro
Onde eu já estava apregando.
Me lembro ainda que eu tinha
De suportar todo o peso
Das ancas gordas de Eva
Das pernas fortes de Adão
E dos meus ombros caídos.
Eu que nem sequer sabia
Que no meu corpo levava
Tamanhos ombros compridos.
Eu que nem sabia Eva
Eu que nem sonhava Adão
Eu que até me ignorava...

Era uma gente disforme
Pés de bicho mãos de ave
Cabeças de marcianos
Que eu nem sei como desceram.

Subo os degraus da igreja
para ouvir as histórias assombrosas que me contarão
os santos.
Mas trancarei os meus ouvidos

e ficarei surdo às suas vozes.
Levo uma foice e um martelo
e quebrarei todas as imagens
(nos altares)
e cortarei todos os prenúncios de fuga
(no provável receio).
Assassinarei o vigário
derrubarei a torre
e racharei as portas que o artesão competente desenhou
cinco séculos atrás.
Vinte.

O que me move é minha fome:
os arabescos dos altares
serão meu "dejeneur"
e os cortarei em fatias
e os servirei no cálice sagrado
para o meu sustento.
Levo uma foice.
As beatas me repelirão
o papa me excomungará
e eu não irei aos infernos,
porque agirei como se eles não existissem.
Levo um martelo.
As almas cuspirão na minha cara
porque não acreditarão que eu exista.
O teto ruirá na minha cabeça
e minha cabeça continuará inteira.
Levo o meu ódio.
Subirei os degraus da velha igreja
e não ouvirei as histórias tenebrosas que me

contarão os santos.
(Alguns foram decapitados
alguns queimados vivos
outros nem sequer nasceram.)
Não ouvirei as suas histórias
e os destruirei
um
a
um.
Haverá reboliço no país
manchetes em todos os jornais
as agências telegráficas soletrarão meu nome.
O ICONOCLASTA
Eu fugirei e me rirei de todos.
Na minha mão a foice e o martelo
em fundo rubro do meu sangue que não vai brotar,
rico.

Do meu esconderijo ouço vozes.
É um coro de milhões de vozes.
Não reconheço nenhuma.
Sinto frio e não me cubro.
Vejo caras e não as reconheço.
Um lobo uiva.
Respondo!
O lobo não uiva mais.
Olha-me uma hiena.
Não vejo.
Pouco a pouco as vozes se tornam maiores.
As caras se descobrem e me ameaçam.
Na minha gruta só o frio. Não me cubro.
Dói minha cabeça.

Ardem os meus rins.
Urino.
É sangue.
A poça está formada.
Se me jogo, não me afundo.
Tenho medo e não fujo.
Não posso.
É impossível.
ABSOLUTAMENTE.

III

Minha foice e meu martelo estão ao lado.
Minhas mãos transformaram-se em sorvetes intragáveis
                                [e multicoloridos.
Meus pés são barras de gelo e queimam.
Meu corpo não se move.
De vagar, muito de vagar, eu vou sumindo.
Cobre-me o gelo.
Acaba-se meu sangue.
Sou um iceberg que ainda não se desprendeu.
Daqui a pouco afundarei o Titanic.

Elogio ao homem essencial

Neste momento em que a vida balança indecisa
entre os dois polos da angústia de Hamlet
e os homens salpicam na garganta da vida
pequenas doses de indissolúvel desespero
receitadas pela consciência dos gradis que sobem de alto
                                                        [a baixo
na prisão deste planeta sem rumo — e lembram-se
que os seios se esvaziaram
e que todas as mães já não existem;
neste momento em que a angústia universal é angústia una
e o fantasma do engenho assombra as vidas
que fervilham
e cria eczemas de pavor nos espíritos que não conseguem
                                       [mais ignorar coisa nenhuma
e vibram e tremem ante às visões dos cabeçalhos dos
                                                [jornais do dia;
neste momento em que os fetos sacodem todos os ventres
                                                  [do mundo
e recusam-se a expor os ossos recém-feitos
à fome diabólica do estrôncio 90
e os pais têm que assassinar seus 2.000 filhos
após ouvirem a nona sinfonia em ré menor
opus 125
composta por um homem surdo e só;
neste momento em que os pais não podem se esquecer de
                                            [enviar 1.000 rosas brancas
ao antigo amor que não chegou a ser,
e que é o exato momento em que um negro paga no centro
                                                [de uma fogueira

ou mesmo em um nome que não chega a ser constituído
o pecado puro e seco de ser negro;
neste momento em que ainda há alguns homens com
                [coragem de sentarem-se nas ruas
e protestarem calados
e permanecerem calados
e negarem tão calados quanto os pombos
a rendição derradeira a tanta inconsequência;
neste momento em que é possível a este poeta de ideias
                [menores
e de bem maiores instantes de contradições
compreender um só pedaço que seja da verdade que lhe
                [exala
e sentir a impossibilidade de permanecer calado e só no
                [seu silêncio;
neste momento em que devem existir centenas de outros
                [bares espalhados
onde outros tantos poetas também sentem e exalam esta
                [verdade
sem que possam compreendê-la
e a aceitarem;
neste momento em que os que compreendem
também têm que aprofundarem-se no raso de alguns copos
e também sentem a necessidade de algum
de muito jazz
com o qual possam realizar o exorcismo que os acorde
desse pesadelo insuspeitado e muito triste;
neste momento em que os homens e as mulheres
                [continuam a se vender
por qualquer outro momento
e em que os homens e as mulheres quase têm certeza
de que continuam a vender as suas angústias

em troco de malquebradas ilusões sem base ou cimo;
neste momento em que todos se abraçam em um só
                                            [desespero
e procuram um ponto de apoio
e encontram apenas um ponto de apoio;
neste momento é preciso amar este ponto de apoio;
neste momento é preciso louvar esta cabeleira branca
esta força última
estes olhos que brilham ainda lúcidos
esta garganta que protesta e sempre
esta velhice que é a juventude de um mundo que ainda
                                        [consegue alimentar
esta vontade de ser a estufa da vida e o pasto dos homens
esta trágica vontade de ser mundo
— e se mande dizer à cabeleira branca
e à força última
e aos olhos ainda lúcidos
e à garganta que protesta de Lord Bertrand Russel
que os poetas do mundo e que os homens do mundo o amam
e o veneram
e lhe precisam.

Lembrança do tempo que não houve

A minha juventude já não é. Foi
coisa que passou tão de repente que em nada me marcou
nem fez nascer de mim lembranças nem saudades.
Não lhe vi o nascimento. Talvez que num enterro
que há dias me cruzou no meu caminho
sem que eu soubesse do defunto ou dos parentes
ela também passasse, não sei. A minha juventude, não a
[tive.
Apodreci depressa e faltam-me o relógio e o braço e os
[olhos.

As coisas andam más, não sei, prossigo em diante
sem poder fazer voltar atrás o tempo
sem vontade de esperar o tempo
completamente sem coragem de cortar o fio.

Nas minhas mãos suporto a vida
a que desci. Chamaram-me Torquato, aceitei.
Fizeram-me criança, homem, coisa: nada fiz.
O meu pavor é como se não fosse
a solidão do próprio homem acrescentada nesta angústia
[que é só minha.
Talvez mentira deste tempo tresloucado
ou mais uma visão sem pé nem rumo: no desespero em si
eu divisei finalidade para este novo sentimento
obliquamente repousado em mim. Não sei de nada,
nada sou — que posso ser? Uma agonia a mais a debater-se
[nas paredes do mundo? Mais uma frustração nessa batalha?
Apenas sei que nada mais devolvo

à vida. Nem mais peço do que a hora
em que definitivamente poderei viver do meu vazio.
Não mereci do bom, rejeito o meio-termo. Apodreço sem
[sentir,
nada mais sinto, estou em pedra. Não me consome o fogo,
não me derrota a água, não existo. Não me faz em sombra
[o sol.
EU NÃO EXISTO. Não penso coisa alguma.
— Je ne pense pas, donc, je ne suis pas.

A minha juventude não foi. Foi álcool evaporado de repente
que subiu aos infernos e ficou por lá
acocorada à frente do pai diabo — e eu nada sei.

Rio, janeiro de 1963

Improviso de querer bem

viva o rei e a rainha
viva sua filha a princesa
viva o príncipe que vai
morrer com sua realeza.

viva meu pai minha mãe
e meus amigos também
viva eu que tenho isso
que muita gente não tem.

viva a cidade do rio
três vezes viva a bahia
viva que eu lá morava
com prazer e alegria.

viva o senhor do bonfim
viva a mãe iemanjá
viva que eu sou da terra
viva eu que já vi o mar.

viva caetano e bethânia
viva rodrigo e roberto
viva que eu os conheço
e eu os amo de longe ou perto.

viva hélio viva duda
amigos do coração
viva que eu gosto deles
e que deles sou irmão.

viva a terra nordestina
onde a luz primeira eu vi
viva que eu sou do norte
viva que eu já nasci.

viva luís carlos prestes
irmão velho e camarada
viva o partido do povo
que leva o povo à vanguarda.

viva dorival caymmi
cantando coisas do mar
viva eu, também baiano
mesmo sem nascendo lá.

viva ataulpho, sambeiro
de inspiração sem igual
viva eu que canto samba
e até que não canto mal.

viva noel, mesmo morto
viva noel, viva viva
viva a vila sua terra
viva viva viva viva.

viva rodrigues, amigo
garçom do saudoso lamas
viva eu que lá bebia
toda noite muitas brahmas.

viva aderbal de aquino
querido amigo do peito

que nesta nossa amizade
não tem ninguém que dê jeito.

e finalmente, isto é claro
viva minha nega linda
sem a qual pra todo o sempre
minha vida é coisa finda.

24 de janeiro de 1964

Iconografia

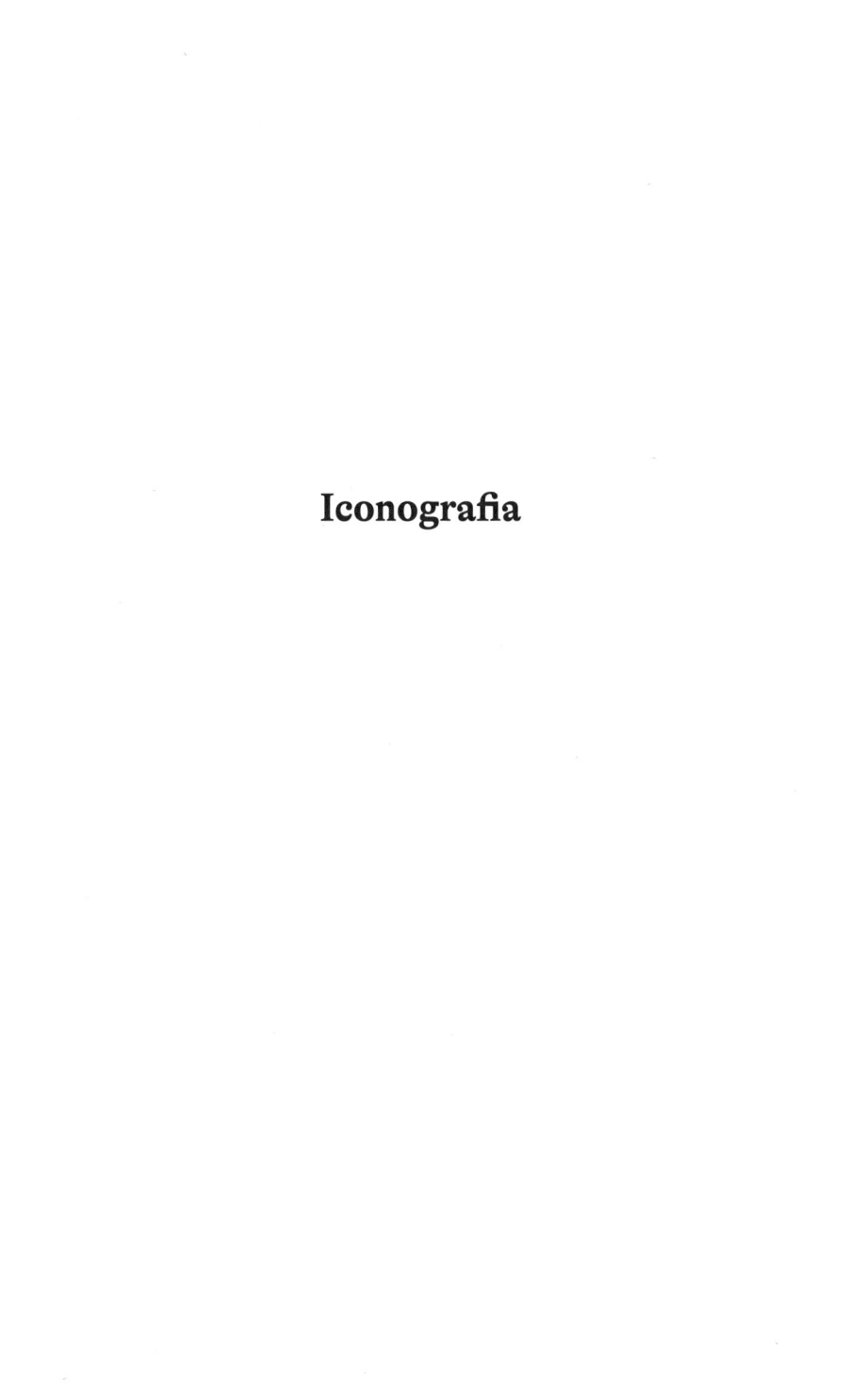

ELEGIA À COISA ALUCINANTE

Torquato de Araújo Neto

1

Eu amo tanto a coisa que me esmaga
e me corrói, deixando apodrecida a minha alma
que não ~~mais~~ existe.
Eu amo tanto a coisa alucinante
fada de sonhos
horror do dia
que me reduz a ser ambíguo e podre. Eu amo tanto
a coisa, alucinante coisa,
inexedível coisa que me corrompe a mente
que me transporta ao cáos
e estatelado
termina sempre por jogar-me de encontro ao fato,
único fato que me priva a fuga.
Meu Deus, eu quero tanto a coisa, ~~lírios da taça~~
~~morgem que nascimos, misto de vida e sonho, coisa sem vida,~~
~~lembrará precoce de uma tarde em branco.~~
Mas não, não deixarei passar em branco a noite de pedra e fogo
de azul e rosa, noite de angústia,
última fonte de que extraio a vida. Não deixarei
passar dentro da noite a coisa ardente que me leva erguido
e vertical
~~me deixarei nesta leda de lágrimas envelhecidas~~
~~transferem em fato o dragão da consciência.~~
Lutar demais não posso.
Tão longa a noite...
Tão firme a coisa...
Mas por tudo – ~~xxxxxxxxxxx~~ de mim não escapará esta ferida braba
que me come os dedos
e me desperta e me devolve o sentimento da coisa
única coisa que é o meu impulso a transportar-me ao tempo
do sem fim.

2

O fato amargurado que nasceu de mim
de ti
de tudo – afunda em prêto a dor que
já não sinto.

Datiloscrito do poema "Elegia à coisa alucinante". À margem direita, o comentário do poeta Walmir Ayala: "excessivo".

CONTO NEGRO PARA SER ESQUECIDO

                            Torquato de Araújo Neto

Era um homem que possuía um môlho de chaves.
Chave do escritório, da mesa
Da portaria
Chave do apartamento
Chave do outro apartamento
Chave daquela casa...
- E por isso, sentia-se a criatura mais importante
                                    do mundo.
Um dia
Enquanto esperava numa fila de lotação
Veio um punguista e carregou-as tôdas.
O homem começou então a definhar a tristeza,
Criou complexos
Até que num domingo
Suicidou-se num bar perto da praia
Bebendo uma dose de uísque ordinário
Com três pitadinhas de veneno mata-ratos.

                            Rio março 63.

Datiloscrito do poema "Conto negro para ser esquecido".
"Definhar a tristeza."

Manuscrito do poema "Motivo". Não se pode
ser sério aos dezessete anos.

Em 1961, em Teresina, no Clube dos Diários, ao lado do pai, Heli, e da mãe, Maria Salomé.

Em 1961, em Salvador, no colégio Nossa Senhora da Vitória.

Duas carteirinhas: a primeira, do curso Hélio Alonso;
a segunda, da faculdade de jornalismo. Os últimos dias
de um topete bem comportado.

Pequeno adendo sobre a fixação do texto

Para os leitores curiosos, listamos abaixo três exemplos de intervenções e três exemplos de estranhezas que foram mantidas no livro.

Três exemplos de intervenções:
1) No datiloscrito original de "Explicação do fato", lemos: "E sou apenas um homem caminhando/ e não encontro em minha vestimenta/ bolsos para esconder as mãos que armas, mesmo frágeis/ me ameaçam". Para que a imagem tivesse o sentido que, supomos, Torquato desejava que tivesse, colocamos uma vírgula antes de "armas".
2) Em "Um cidadão comum", grafamos a primeira letra do verso "da vida, sem dar satisfações" em caixa alta, pois não encontramos justificativa para um único verso do poema iniciar em caixa baixa.
3) Os dois primeiros versos de "Poema da repentina saudade" eram "Canta alto meu vaqueiro/ o aboio da minha infância", sem vírgulas que marcassem o vocativo "meu vaqueiro". Inserimos as vírgulas porque em outros dois momentos do poema o vocativo aparece entre vírgu-

las e também para evitar uma (improvável, por certo) ambiguidade semântica indesejada (o verbo *cantar* poderia ser lido no presente do indicativo, e não no imperativo).

Três exemplos de estranhezas que foram mantidas:
1) "O homem passou então a definhar a tristeza". Em outras edições, esse verso de "Conto negro para ser esquecido" foi "corrigido". Em vez de "a tristeza", "de tristeza". Acontece que no datiloscrito Torquato escreve "a" à caneta sobre o texto datilografado, o que nos leva a crer que se trata de uma decisão consciente.

2) O título "Stop;" é assim mesmo, com ponto e vírgula. Não o suprimimos por acreditar que pode ser algum tipo de experimentação do jovem Torquato, já que há pontos e vírgulas em todas as estrofes do poema.

3) Uma questão difícil, e talvez engraçada. Temos quase certeza de que o poema "A gênese telúrica" se estrutura em três partes. A primeira começaria com o primeiro verso, claro, e terminaria em "Que eu nem sei como desceram". (Todos os versos dessa parte iniciam com caixa alta.) A segunda parte muito provavelmente iria de "Subo os degraus da igreja" até "ABSOLUTAMENTE". (Nela, os versos só iniciam com caixa alta se vêm depois de um ponto.) Então viria a terceira parte, de "Minha foice e meu martelo estão ao lado" em diante. Entretanto, Torquato assinalou, com numeral romano, apenas a terceira parte. Ou seja, o poema ficou dividido em duas partes, a primeira, sem numeração, e a segunda, precedida do número III. Quase tivemos o despudor de numerar as três supostas partes de maneira lógica, mas depois julgamos o gesto arriscado demais. Oxalá essa confusão seja lida como mais um dos jogos formais do autor. Por que não?

POSFÁCIO

O que me move é minha fome
Thiago E

1º MOVIMENTO

Várias folhas soltas dentro de um papel dobrado sobre o qual se lia o título *O fato e a coisa*. Assim foi encontrado, em Teresina, após a morte de Torquato Neto, o projeto de livro que ele vinha organizando desde a adolescência, sem entretanto concluí-lo. A maioria dos poemas não traz onde nem quando foram escritos. Os que têm data vieram da produção no Rio de Janeiro entre 1962 e 1963 — quando o poeta tinha dezessete e dezoito anos —, intervalo em que concluiu o ensino básico e começou a estudar jornalismo na Faculdade Nacional de Filosofia. Já a segunda parte deste volume, aqui intitulada *Outros poemas*, além do período citado, abrange um recorte de textos que vai de 1961, escritos no Piauí e na Bahia, até 1964.

2º MOVIMENTO

Observando os originais datilografados e manuscritos, é curiosa a diversidade de papéis em que Torquato registrava seus versos: papel almaço, folhas com o logo da Air France, ou em tamanho ofício, páginas timbradas da Academia Ruy Barbosa (Órgão Literário dos Alunos do Colégio N. S. da Vitória, onde ele estudou em Salvador), papel vegetal etc. Este último tinha a vantagem de pesar menos e ser mais barato, caso fosse enviado por correio. Nesse período, ele costumava andar com seus poemas debaixo do braço, numa pasta com elástico. Era possível haver cópias, ou versões diferentes, no Rio de Janeiro e em Teresina.

A consciência musical, a sedução pelo ouvido, o fascínio pela tradição literária e um bom conhecimento de versificação: Torquato tinha tudo isso ainda adolescente. Repare no início do primeiro poema, "Explicação do fato": "Impossível envergonhar-me de ser homem./ Tenho rins e eles me dizem que estou vivo". Os dois versos contêm onze sílabas poéticas e soam no mesmo ritmo, com as tônicas nas 3ª, 7ª e 11ª sílabas. O dístico constrói uma abertura forte, palavras duras na lata, provocando, em quem o lê, certo desejo de acompanhar a tal "explicação". Algumas linhas adiante, o poeta escreve: "Mas acordo e a máquina me engole./ E sou apenas um homem caminhando". Um notório diálogo com a dicção de Carlos Drummond de Andrade, provavelmente com o longo poema "A máquina do mundo", do livro *Claro enigma*, de 1951. Nesse poema, longo, de Torquato, há versos de metros variados, mas aqui ele põe um decassílabo heroico para conversar com o poema de Drummond, todo ele construído com decassílabos, heroicos e sáficos. Sem contar que a primeira imagem de "A máquina do mundo" também é a de um homem caminhando, "ser desenganado" elaborando uma incerta "explicação da vida". Não faltam exemplos da admiração do jovem teresinense pelo imenso poeta mineiro. Desde

"Tema", escrito aos dezesseis anos na Bahia — e "Poema de Natal (Com o perdão de C.D.A.)", feito em 1962 —, até "Let's play that". Posteriormente, Torquato ganharia a identidade de "anjo torto" porque, claro, desde moço, amou Carlos.

3º MOVIMENTO

Voltando aos datiloscritos dos textos publicados nesta edição. Atenção às bordas das páginas. Há uma prosa que vale a pena apurar. Em diversos poemas, lemos comentários manuscritos, a lápis e caneta azul, assinados por outra pessoa, com as iniciais W.A. Segura a lista... Na folha de "Canto fúnebre à etapa primeira", a sentença: "prosaico/ razoável". "Elegia à coisa alucinante" é avaliado como "excessivo". "Panorama visto da ponte" recebeu um "bom/ uma linguagem conquistada/ em discursivismo limpo". Em "Um cidadão comum", lemos "mais ou menos". "Poema estático para..." ganhou um "bom!". E "Poema", "— muito bom —". "Momento" e "Insônia", "ótimo". Nas páginas de "O velho": "lembra Drummond 'de tudo sobrou?/ ficou?/ um pouco'" e "bom". "Poema desesperado" é um exemplo especial, embaixo tomou um "não!" sublinhado, embora, do lado esquerdo da página, com o que parece ser a letra de Torquato, esteja escrito "fica", também sublinhado. "Exodus" levou "bom trabalhar nele", "terminar aqui". E fechando *O fato e a coisa*, em "Poema do aviso final", a anotação: "Bom na intenção/ Bom na execução/ por mais que eu não quisesse".

Da seção *Outros poemas*, "Balada para acordar Rosinha" é avaliado como "bom. Um hausto de esperança". "Fixação do momento" e "Dia", "bom". A estrofe 17 de "Poema de Natal" mostra ao lado um "ótimo" e as outras são consideradas "bons poemas". Em "O momento na calçada", parece haver outra discordância: W.A. comenta "não! Vago. Copo em riste (?)"; e outra letra (de Torquato?) ao lado contesta: "fica". "Poema" levou um "excelente". E "A gênese telúrica", "poema a ser trabalhado" — além do maior comentário de todos: "Se a vocação é para o suicídio, para que a foice e o martelo? Se o importante é a foice e o martelo, por que o desespero? Você quer construir ou destruir? Salvar ou arrasar? A sua iconoclastia deve ser interior, com seus deuses falsos".

4º MOVIMENTO

"W.A." são as iniciais do escritor gaúcho Walmir Ayala, que realizava uma espécie de oficina literária com o jovem aprendiz no Rio de Janeiro. Porto-alegrense nascido em 1933, Walmir publicou seu primeiro livro de poemas em 1955. No ano seguinte, se muda para o Rio de Janeiro com o objetivo de ser escritor, e inicia um *Diário* que, apesar de várias lacunas, só pararia com sua morte em 1991, aos 58 anos. 1956 também é o ano em que o poeta e crítico Mário Faustino inicia sua histórica página "Poesia-Experiência" no Suplemento Dominical do *Jornal do Brasil*.

Em 1957, Mário, interessado num "sentido renovador", dentro do que ele chamava de "desenvolvimento da poesia brasileira", tratou do poeta Walmir Ayala algumas vezes em "Poesia-Experiência". Em abril, publicou seu poema "Diálogo". Em junho, criticou impiedosamente seu novo livro, *Este sorrir, a morte*, apontando que W.A. tinha "uma autocrítica falha" e "grande pressa em publicar, em aparecer". Para Faustino, os erros desse poeta novo eram comuns a quase todos os livros de poesia publicados no país: "choradeira, autopiedade, descobertazinhas, conversas pessoais de pouco interesse para o leitor em geral". O poema "O arauto" seria "o único publicável", "e era o que justificava" sua esperança para escrever aquela crítica. Ayala deveria se sentir estimulado a começar a partir desse poema, a jogar o restante fora e "a desconfiar dos amigões que escreveram aqueles elogios todos publicados nas orelhas dos livros". Ao final, o crítico piauiense continuou sem rodeios: "Passe uns anos sem publicar coisa alguma, estude muito, seja severo consigo mesmo e com sua obra e reapareça com um livro orgulhoso, austero, novo, realmente recriador do mundo e das palavras".

Walmir "reagiu com uma carta insultada", segundo Mário, mas depois enviou novos poemas à coluna. Mário classificou alguns como "péssimos" e publicou os outros. "Numa época em que verso está quase chegando a significar bocejo, eis alguém que consegue interessar até o perito mais exigente", disse em agosto, reafirmando sua aposta no potencial de W.A., então com 24 anos. "Ayala surpreende pela noção precoce do espaço poético, pela aproximação de uma poesia-coisa, pela segurança e validade do adjetivo (que usa como estrutura, não apenas como adorno)", elogiou em novembro de 1957. Naquele ano, Faustino orientou: "Mantenha-se a essa altura o Sr. Ayala e dentro em pouco será reconhecido como um dos poetas sérios do país". Mais tarde, Walmir Ayala produziu uma extensa e premiada obra: poesia, teatro, romance, conto, crônica, crítica, tradução, literatura infantojuvenil.

Quando Mário morre na explosão do jato da Varig, acima dos Andes, no Peru, em 1962, aos 32 anos, Walmir escreve em seu diário: "Estive com ele na praia no último domingo, e me contou que deveria ter viajado na sexta-feira anterior"; "Falou de literatura: 'Sou um poço de desafetos por causa de minhas posições'". Em outra página: "Sinto um certo remorso de não ter me descontraído num relacionamento amical mais completo. Ele me intimidava com seu brilho, com o raciocínio cintilante".

5º MOVIMENTO

Vendo a amizade entre Mário e Walmir deixar reflexões tão proveitosas em torno da poesia (embora poucas, há belas cartas trocadas entre eles), pode-se imaginar Walmir levando algo da bagagem a Torquato. Mas, fora as citadas avaliações nas bordas dos datiloscritos, o que teria sido? Como aconteceu esse encontro? Foi pessoalmente? Uma vez? Várias? Foi por correspondência? Por enquanto, não há resposta. Até onde se sabe, Torquato não escreveu sobre W.A. E nos diários de Ayala, uma enorme parte ainda inédita, até o momento não foi encontrado nada sobre Torquato, nem mesmo motivado por seu suicídio em novembro de 1972, cuja repercussão na imprensa nacional foi imensa.

Segundo o crítico André Seffrin, responsável pelos diários de Walmir, as anotações de 1972 param em agosto. Depois pulam para fevereiro de 1973, sem nenhuma referência a Torquato nesses apontamentos seguintes. "Se existir alguma coisa, talvez esteja nos registros dos anos 60, que são muitos, muitas pastas manuscritas. Só saberemos se um dia esse vasto material for digitalizado. Procuro patrocínio para isso há muitos anos. Até agora, nada consegui, infelizmente" — concluiu por e-mail.

6º MOVIMENTO

Embora os piauienses Torquato e Mário não tenham se conhecido pessoalmente, Torquato foi um cuidadoso leitor de Mário. Na coluna "Geleia geral", Torquato publicou "Marcha à revisão" em 8 de outubro de 1971. Mas, em 1982, quando sai a segunda edição de *Os últimos dias de Paupéria*, organizado por sua viúva Ana Maria Silva de Araújo Duarte e Waly Salomão, editado pela Max Limonad, aparece também uma segunda versão desse texto, na página 331, em que, entre diversas alterações (não por acaso fazendo jus ao título), possivelmente em Teresina, Torquato acrescenta: "Vida toda Linguagem, cf. Mário Faustino que era daqui & um dos maiores & quem quiser consulte. No princípio era o verbo, existimos a partir da Linguagem, saca? Linguagem em crise igual à cultura e/ou civilização em crise — e não reflexo da derrocada". E repete o final anterior de "Marcha à revisão": "O apocalipse, aqui, será apenas uma espécie de caos no interior tenebroso da semântica. Salve-se quem puder". É provável que seja o único momento em que Torquato cita Mário de modo explícito. Porém, de forma implícita, retrabalhada, há elementos para inferir que "Marcha à revisão" (revisão de quê?) pode ser um cruzamento com dois poemas de Faustino: "Vida toda linguagem" e "Balada (Em memória de um poeta suicida)". Sendo breve, Mário escreve "coluna sem ornamento, geralmente partida"; repete a palavra "verbo"; põe o corpo como "metáfora ativa" ("feto", "sangue" etc.); "cintilantes imagens/ que lhes estrelam turvas trajetórias"; "imperfeitos somente os vocábulos mortos"; "imortal sintaxe"; junta dualidades em "amar, fazer, destruir,/ homem, mulher e besta, diabo e anjo/ e deus talvez, e nada". E Torquato recria com "uma palavra — um mundo poluído — explode comigo & logo os estilhaços desse corpo arrebentado, retalhado em lascas de corte & fogo & morte"; "No princípio era o Verbo"; "palavras [...] eu posso inverter, inventar", "uma palavra é mais que uma palavra, além de uma cilada", "há o hospício da sintaxe", "imprevisíveis significados", "uma palavra: Deus & o Diabo".

7º MOVIMENTO

Já que estamos em 2022 conversando sobre os cinquenta anos da morte de Torquato Neto, enquanto pelo país, além do mais, discute-se o centenário da Semana de Arte Moderna, é bom retornarmos novamente a 1972. No dia 8 de janeiro, Torquato, aproximando-se da maneira como Faustino agia em "Poesia-Experiência", mas antes advertindo, "não sou crítico, sou um coração apaixonado", escreveu acerca do poeta carioca "– Cha – Cal –", no jornal *Última Hora*, com o subtítulo "Carta sobre um jovem poeta". A Semana completaria cinquenta anos: "Em 72 vejo prevejo veremos a restauração do pior espírito Semana de Arte Moderna 22 comemorado em retrospectiva, Chacal é o melhor espírito: aquele que sabe que a poesia é a descoberta das coisas que ele não viu", comentou, parafraseando Oswald de Andrade.

8º MOVIMENTO

A coluna "Geleia geral" é bem conhecida hoje por ter sido reunida no já citado *Os últimos dias de Paupéria*. Contudo, qual a origem e o significado desse estranho título? O livro não diz. Por ser uma informação pouco difundida, é pertinente e pedagógico explicar. Em 5 de novembro de 1995, a *Folha de S.Paulo* publicou uma homenagem destacando o seguinte: "No dia 10 faz cinquenta anos do nascimento do poeta Torquato Neto, que se suicidou no mesmo dia, em 72". Ora, Torquato nasceu em 1944, e no dia 9 de novembro, logo tal efeméride chegou um ano atrasada e ainda errou o nascimento do homenageado. Enfim, vacilos à parte, nessa página intitulada "Cave, canem, cuidado com o cão", o poeta Waly Salomão fala que a antiga cidade de Pompeia era onde romanos ricos curtiam o ócio. E Torquato havia lhe contado num bar, perto do Teatro de Bolso do Leblon, "que queria fazer um filme chamado *Os últimos dias de Paupéria*". Entretanto, desta ideia, "não foi encontrado nenhum resquício de roteiro, nenhum fiapo de argumento ou diálogo". Logo, buscando defender sua forte carga semântica, Waly usou o título para costurar toda a variada seleção de textos do poeta piauiense. Explica que Paupéria é "inversão cinza e sistemática do baudelairiano convite à viagem: onde tudo não é senão desordem, feiura, pobreza, inquietação e antivolúpia: tristeresina total". E "os últimos dias" se referem "aos dias que antecedem o dia D. Catastrofismo do livro das revelações (ou seja, etimologicamente: apocalipse) e reiterada anunciação da morte pessoal. Coro por coro, prefiro partilhar o coro desafinador do poeta Frank O'Hara, praticante-mor da Action Poetry, homóloga à Action

Painting de Jackson Pollock, e repetir: 'I got tired of D-days' ('Cansei de dias D')".

9º MOVIMENTO

Segundo o publicitário George Mendes, primo de Torquato e curador de seu acervo, depois que o poeta morreu, criou-se um trauma na família toda. A mãe, Salomé, tornou-se frágil e dependente da memória do filho. O pai, Heli, era espírita e ficou bastante instável. Após a morte do filho único, Heli acreditava que Torquato havia reencarnado em outras crianças. Para lidar com a própria dor, tentou encontrar outros caminhos. Um deles foi pegar textos originais do filho, que ainda estavam em sua casa no Piauí, e sair entregando para quem pedisse, ou pudesse publicá-los. "Certa vez, ele entrou na minha sala e jogou um poema falando assim: 'Isso aqui é melhor ficar com você do que comigo'. E saiu. Quando eu pego, era o poema 'Motivo', cujo original está aqui no acervo" — exemplifica George. Nesse ritmo, houve radialista que levou poemas para ler no seu programa e não devolveu mais. Torquato costumava fazer cópias do que escrevia, mas, após tudo isso, é impossível mensurar o que pode ter sido perdido.

MOVIMENTO REINTRODUTÓRIO

É espantoso como as palavras de Torquato chegam com força em quem o lê. São ondas de choque. Poeta habilidoso em impulsionar por meio da linguagem, escreve em "Momento": "um pensamento range em cada um de nós e nos sacode". Misturando sua vida e obra, adquiriu a misteriosa capacidade de ser até onde ele não está — "o poeta que não sou/ pode nascer ainda", avisou em "Poema conformista". Bem acima da melancolia, sua voz é resolutiva, geralmente pragmática, decisiva — "Pois há que haver sorrisos transmitidos/ desde os lábios", diz em "A mão e a luva". Se não houver "algum respeito,/ ao menos um esboço:", alerta em "Poema do aviso final", "a dignidade humana se afirmará/ a machadadas". Tais exemplos, e tantos outros, que agora estão neste livro, se tornam uma nova fonte de prazer e de pesquisa, peça preciosa para compreender melhor o curto e, paradoxalmente, interminável percurso de Torquato Neto.

Notas de leitura

Notas de leitura

Copyright © 2022 Thiago Nunes

Todos os direitos reservados. Nenhuma parte desta obra pode ser reproduzida, arquivada ou transmitida de nenhuma forma ou por nenhum meio sem a permissão expressa e por escrito da Editora Fósforo e da Luna Parque Edições.

EDITOR CONVIDADO Fabrício Corsaletti
PESQUISA NO ACERVO TORQUATO NETO Thiago E
EQUIPE DE PRODUÇÃO
Ana Luiza Greco, Fernanda Diamant, Julia Monteiro, Leonardo Gandolfi, Mariana Correia Santos, Marília Garcia, Rita Mattar, Zilmara Pimentel
REVISÃO Eduardo Russo
ICONOGRAFIA Acervo Torquato Neto
TRATAMENTO DE IMAGENS Julia Thompson
PROJETO GRÁFICO Alles Blau
EDITORAÇÃO ELETRÔNICA Página Viva

FSC
www.fsc.org
MISTO
Papel | Apoiando o manejo florestal responsável
FSC® C011095

A marca FSC® é a garantia de que a madeira utilizada na fabricação do papel deste livro provém de florestas gerenciadas de maneira ambientalmente correta, socialmente justa e economicamente viável e de outras fontes de origem controlada.

ipsis

Dados Internacionais de Catalogação na Publicação (CIP)
(Câmara Brasileira do Livro, SP, Brasil)

Neto, Torquato, 1944-1972
O fato e a coisa / Torquato Neto. — São Paulo : Círculo de poemas, 2022.

ISBN: 978-65-84574-34-2

1. Poesia brasileira I. Título.

22-121999   CDD — B869.1

Índice para catálogo sistemático:
1. Poesia : Literatura brasileira   B869.1

Cibele Maria Dias — Bibliotecária — CRB-8/9427

1ª edição
1ª reimpressão, 2023

CÍRCULO *Luna Parque*
DE POEMAS *Fósforo*

circulodepoemas.com.br
lunaparque.com.br
fosforoeditora.com.br

Editora Fósforo
Rua 24 de Maio, 270/276, 10º andar
01041-001 - São Paulo/SP — Brasil

CÍRCULO *Luna Parque*
DE POEMAS *Fósforo*

Este livro foi composto em GT Alpina e GT Flexa e impresso pela gráfica Ipsis em abril de 2023. Insisto porque insistir é a minha insígnia, mas, no compasso tresloucado deste mundo, nunca dormi ao lado das estrelas.